我
· COGITO ·
思

专名

相遇之书

（法）伊曼纽尔·列维纳斯 著
Emmanuel Levinas
王嘉军 张书圣 尉光吉 译

NOMS PROPRES

GUANGXI NORMAL UNIVERSITY PRESS
广西师范大学出版社
·桂林·

专名：相遇之书
ZHUAN MING: XIANGYU ZHI SHU

丛书策划：吴晓妮@ 我思 Cogito
责任编辑：韩亚平
责任技编：王增元
装帧设计：M^{OO} Design

著作权合同登记号桂图登字：20–2025–108 号

图书在版编目（CIP）数据

专名：相遇之书 /（法）伊曼纽尔·列维纳斯著；王嘉军，张书圣，尉光吉译. —— 桂林：广西师范大学出版社，2025. 9.
(思无界). —— ISBN 978-7-5598-8444-2

Ⅰ. B565.59

中国国家版本馆 CIP 数据核字第 2025PX7155 号

广西师范大学出版社出版发行
广西桂林市五里店路 9 号　邮政编码：541004
网址：http://www.bbtpress.com
出版人：黄轩庄
全国新华书店经销
山东京沪印刷科技有限公司印刷
山东省淄博市桓台县唐山镇中心大街 3871 号-1　邮政编码：256400
开本：787 mm × 1 092 mm　1 / 32
印张：9.875　　字数：165 千
2025 年 9 月第 1 版　　2025 年 9 月第 1 次印刷
定价：78. 00 元
如发现印装质量问题，影响阅读，请与出版社发行部门联系调换。

译 序

《专名》不是专著，而是文集，却当之无愧地位居列维纳斯的代表作之列。它的重要性主要体现在两个方面：

其一，它展开了一张与列维纳斯哲学紧密交织的思想网络，在其中，列维纳斯论及了诸多哲学家：克尔凯郭尔、布伯、德里达和瓦尔等，这既交代了他自己的思想来源，也为想比较他和其他哲学家的读者，提供了直接的参考。而这种比较，势必又会带出诸多问题域，例如，列维纳斯与存在主义、列维纳斯与犹太哲学、列维纳斯与对话哲学、列维纳斯与现象学、列维纳斯与解构，等等，这些至今都是列维纳斯研究中的核心议题，而列维纳斯本人已经提前为后世的研究架设了路线。如果忽视了这些列维纳斯本人的论述，对这个领域的研究注定是不完善的。

其二，它是列维纳斯最重要而全面的论文学著作。列维纳斯没有出版过论文学的专著，然而文学却是理解其思想的必要路径。本书收录的《论布朗肖》由四篇对布朗肖的评论组成，已经可以算是他最为系统的文学论述，对于理解他对布朗肖的看法，理解他的总体文学观，都是绕不开的文本。除此之外，书中还收录了他对普鲁斯特、策兰、阿格农、雅贝斯、拉波尔特等文学家的评论，要理解列维纳斯的文学观，我们必须阅读这些文本，而文学观并不是其总体思想可有可无的点缀，而是居于枢机攸关的地位。如果不对其文学观有所把握，就不可能完整地理解列维纳斯。当然，列维纳斯独特的他者形而上学，也为对这些作家，对整体文学的理解带来了一种既古老又新颖的启迪，将文学引向了无限和敞开之境。

这本书的以上特点，也为翻译带来了更大的困难。除了列维纳斯令人生畏、常被诟病为诘屈聱牙的晦涩语言，还因为这本书是他对不同思想家和文学家的评论，为了翻译这些评论我们还得了解评论对象的思想，而其中一些人，对于今日的学界而言，依旧是较为陌生的名字。另一方面，在对文学家的评论中，列维纳斯也多采用文学色彩较重的语言，这给理解和翻译的精准度带来了挑战。不过，对列维纳斯的翻译既是一种折磨，也是一种亲近，因为在翻译中，更能感受到他的语言刻意想要传达的摩擦、停顿、断裂，在山岭中的跋涉，在沙漠中的流放，以及永远悬在前方的他者之光……这与其思想本身是一脉相承的，所以有人说，列维纳斯的语言本身就是对其思想的一种“表演”。

本书的翻译是一项集体工作，是他者与他者之间的联结，这似乎也很契合列维纳斯的思想。虽然，这必然会使得翻译进程因为统一术语等工作有所延缓，但也让三位译者之间有了更多的交流，让翻译真正成为一种共通的过程。我要衷心感谢张书圣和尉光吉两位青年才俊惠允参与这项工作，以及在翻译过程中的全情投入和无私分享。当然，也要感谢广西师范大学出版社我思编辑部的吴晓妮编辑宽容我们的一再延宕。如今，这一列维纳斯在评论德里达时所说的“消磨-时间”（Le passe-temps），终于要结束了，明日终于要变成今天。但这本书真正的“今天”在每位读者那里，希望我们的翻译和读者的阅读，可以让本书中那些已经逝去的专名和他者，以及他们的思想和精神，再度复活。

本书基于法塔·莫甘娜（Fata Morgana）出版社1976年出版的《专名》（*Noms propres*）翻译而成，同时参考了该书1982年的印刷版次，虽然该版次基于1976年版，但是个别地方有微小差异。《论布朗肖》（*Sur Maurice Blanchot*）则是基于法塔·莫甘娜出版社 1975 年的版本。这两个文本在英语版《专名》（*Proper Names*, Michael B. Smith 英译，Stanford University Press, 1996）中被收录在了一起，在翻译中，我们也参考了这一英译本。

尽管我们在持续打磨的过程中，竭力接近原文意指，但限于文本难度和自身能力，译文肯定还有诸多不足之处，敬请读者朋友批评指教。

王嘉军

2025 年 5 月 29 日

CONTENTS

目 录

专　名[1]

《专名》，或者说相遇之书。马丁·布伯、保罗·策兰、雅克·德里达、埃德蒙·雅贝斯、索伦·克尔凯郭尔、罗杰·拉波尔特，等等，这些名字在此提供了一些闪现的篇章，仿佛伊曼纽尔·列维纳斯想要在几帧快速而精辟的快照当中，定格那些多年来陪伴他思考之人的肖像。不过，就列维纳斯而言，我们也可以认为，在这个过程中，不仅仅只有一种简单的见证之愿望。事实上，它犹如一种真正哲学上的必要性，一种通过自身的直接经验来验证其思想原则本身的道德关切。那么从这个角度来看，《专名》应被视为朝向他者（Autre）敞开，"自我被他人、自我被陌异者唤醒"的具体表现。

因此，这里涉及一些人名和作品，智性的亲近，思想的同伴。一整个沉思和论题的网络，对人的思考的交汇，列维纳斯的思想在与这些思考的对照中

---

① 此篇为法文原版的前言，著者不详。——编注

逐渐成形，他与这些反思相关联，要么是因为与之有所区别，要么相反，因为与之相接近。因此，譬如主体性哲学家克尔凯郭尔，在与他的作品面对面时，列维纳斯对其进行了一种去标签化处理。在他看来，克尔凯郭尔在其分析的展开中太过偏激，并没有很好地摆脱黑格尔主义，他像很多人一样掉入了总体性的陷阱。列维纳斯指出："对克尔凯郭尔而言，伦理意味着普泛。[……] 与他人的关系，是否就是进入与消失于普泛性当中？这**便是我们针对克尔凯郭尔，也针对黑格尔所要质询的问题**。[……] 主体性就**存在于**这种责任当中，唯有不可化约的主体性才能承担一种责任。伦理，即是如此。"这些发人深省的语句，在概括性地回顾克尔凯郭尔的言论之余，表明了列维纳斯所采取的批判性间距，并让他顺便表达出了自己的分析，尤其是重申"人们在其中向我们展示其面容的外部性，使总体性爆裂"，因此，在自我与他者的关系中存在一些独异的模态，它们不允许任何从他者到自我的还原——这些模态正是伦理学的根基。

而马丁·布伯则引发了另一种态度。在那里，批判性关系消退了，让位于一些坦诚的共鸣。解读布伯"认识理论"的这些长篇评论提供了直面诸如真理、主客关系等基本问题的契机，也提供了表明当代哲学已然极大地修改了旧有范式的契机。在此之前，主体“封闭于自身以及在形而上学意义上是自身和世界之起源”，而认识理论则被简化为展示“主体抵达客体的方法”。之后，这种断裂告终了。人们从“意向性”（胡塞尔），或“在世存在”（海德格尔）的角度思考人，甚至是从一种“绵延中的持续更新”（柏格森）的机制中思考人。换句话说，“人在使自己得以定位之前，就已处于一种境况之中”，这意味着人与事物处于即时的关系之中，他存在的首要方式便是**接触**（*le contact*）。

马丁·布伯正是猛烈地冲入了这种主体观念的裂缝中，特别是在其名著《我与你》中，他突显了“在场”“面对面”，简言之突显了将构成伊曼纽尔·列维纳斯思考基础的那些新范畴。列维纳斯不忘极力强调的是，在布伯那里，具有一种与总体性思想的切实分离，列维纳斯还察觉到其中已具有自己哲学蓝图中几个元素的雏形。于是他再次重申了始终注意保持他者完整性的必要性，再次提出承认必须导向“相遇”（Rencontre）的观点，也就是说，要在人与人之间建立一种关联，在其中，没有谁是另一方的“客体”，在其中，“‘我’不把‘你’作为一个客体来吸收，也不被出神地吸入‘你’之中。‘我-你’关系，是一种与尽管在关系中、却始终保持绝对之物的关系”。

事实上，《专名》的每篇文章都围绕列维纳斯哲学问题域（problématique philosophique）中的某个特定问题展开。这就是为何读这本书就像重拼一幅拼图：一块接着一块，一个问题接着一个问题地拼接。到最后，作者们消失了，一个显明的事实则浮现出来：致敬也是一种揭示的机会和手段。保罗·策兰与存在之诗：乃是为了表明语言超越了文字，诗歌暴露和“前揭示”（pré-dévoile）无法言说之物，它位于“纯粹触摸、纯粹接触的时刻，在抓住和紧握的时刻，这也许是一种直至将给予的手也给予出去的给予方式”。雅克·德里达与形而上学的撕裂：因为通过他，哲学的凝视才得以触及西方思想的根基，使其最隐秘最深藏的前提突显出来。马克斯·皮卡德与面容之教导……马塞尔·普鲁斯特，他异性的解密者……罗杰·拉波尔特，静寂的吟诵者……让·瓦尔或者对感情的解读……对伊曼纽尔·列维纳斯而言，这是一种在谈论自己的同时绝妙地谈论他者的方式。《专名》最终是一本综合之书。关乎所有综合：所涉及的思想家们之综合，列维纳斯的思想之综合。

（张书圣　译　　王嘉军　校）

自 序

伊曼纽尔·列维纳斯

世界大战，以及区域性战争；国家社会主义，斯大林主义，甚至祛斯大林化；集中营，毒气室，核武器，恐怖主义和失业——许多这些事情都只为独独一代人所经历，哪怕有一些人只不过是旁观而已。

然而，从早年求学时开始，我们就震撼于柏格森的绵延（la durée）概念所带来的对更新的承诺。我们从胡塞尔那里学到，通过研究我们**如何**（*comment*）[①] 思考对象，通过避免意识中不可识别的意向性带来的意义滑移，通过发现存在（l'Être）在我身上所规定的它的**显现**（*Apparaître*）方式，来确定我们所思考的对象。此外，多亏海德格尔，我们的耳朵学会了在其动词性的回响中，去倾听存在，

① 除《论布朗肖》篇，本书用黑体标示法文原版中用斜体标示的强调处。——编注

那闻所未闻，又难以忘却的声音。这一声音，使我们开启了存在本身，开启了那一意欲不欲求的意志（vouloir qui veut ne pas vouloir），以及“让存在（l’Être）存在”的慷慨，也即开启了“泰然任之”（Gelassenheit）[①]。这个词或许应该用其词源意义上的“放松”（dé-ception）来翻译，并以此来思考déception 的直接意思“失望”，是否不是“解离存在”（dés-inter-essement）[②] 的唯一可能情形。我们几乎就要被这些深刻的教诲所俘获了。不过，我们中的某些人，可能有其他失望的理由。

无论如何，没有任何一个时代的历史经验，比这个时代更为沉重地施压于思想；或者说，至少没有任何一个时代的人们，比这个时代更为意识到这种重量。在我们的文明被编入的 25 个世纪中，上帝之不可攻克的峭壁，**我思之不可动摇的根基**（*le fundamentum inconcussum du Cogito*），世界之星空，

① 海德格尔晚期提出的一个概念。针对二战后急速发展的科学技术及其对人类精神的控制，以及核威胁等处境，海德格尔倡导一种对技术既不简单肯定，也不简单否定的“既是也不”的态度，这种态度就是“泰然任之”，它的关键是“放松”。——译注（本书脚注未特别注明者均为译注）

② 这是列维纳斯的一个常用术语，“désinteressement”的原意是“无私”和“无功利”等，列维纳斯从构词上将其解释为“解开”（dés）在“存在”（esse）、“之间”（inter），“解离存在”实际上通达的也就是“别样于存在”或“伦理”。

一直在一个接一个地抗拒着时间的流动，并确保着一种现在（présent）的在场。而如今，有关上帝之死、有关思想中的人类偶然性之劝教，以及人文主义之衰退，尽管在上个世纪末就已经被听闻，却带来了一种启示录的意味。新的对语言之漂浮不定的不安，不正毫无迂回地宣告了世界之终结吗？从此，任何迂回都不再可能，或完全丧失了说服力。

时间在语句（phrase）的同时性（simultanéité）中，不再能传输其意义。命题不再能把事物聚合在一起。没有所指的“能指”玩着一种“符号的游戏”，没有示意，也无关得失。就好像，数个世纪以来一直维持着再现 / 表象（la Représentation）之统一性的柏拉图式回忆，变得健忘了，就好像无序不会不可避免地接合成另一种秩序。有识之士厌倦了作为安置（position）的**理智**（*le sensé*），厌倦了胡塞尔的“信念命题”（thèse doxique）[①]，控诉形式逻辑之严格性，认为它具有压迫性，痴迷于在胡言乱语、口误、粗言秽语中寻找不可表达、难以言传的东西，寻找微言大义；系谱学取代了解经学，[它充斥着][②]词源学中肿胀的词语之尸骸，以及文本的激流对逻

① 胡塞尔现象学术语，指向意识对世界存在的基本设定。

② 由于列维纳斯的语言十分精练，有时便于理解，也为了语句的通顺，我们会在方括号“[ ]”中补充一些衔接词或必要信息，本书所有方括号中的内容均为中译者补充，以下不再说明。

各斯的剥夺——这就是在话语（discours）的痛苦断裂之中的现代性。诚然，它最忠诚的代表目睹了这种现代性，但是这种现代性已经被变卖成了粗浅的真理和时髦的谈资。

那些其**诉说**（le *dire*）[①]指示出一张面容的人名——在所有通用名称和陈词滥调之中的专名——不正抵抗着意义的消解，并帮助我们言说吗？它们不正在言语的沉沦之后，在某种**可理解性**（*intelligibilité*）的终结之后，允诺我们去推想另一种可理解性的黎明？正走向完结的，或许只是一种

---

① 列维纳斯的核心概念，与下文中的“所说”（le Dit）相对。“le Dire”（列维纳斯有时并不区分首字母大小写）指示的是语言的伦理维度，它所代表的是在意义给予过程中，对他者亲近的意向，回应他者、为他者负责的态度，所以它可以只是一种伦理示意，而无须说话，就像陌生人善意的微笑一样。而“le Dit”更指示的是语言传达的内容，假如这个陌生人开始自我介绍，那么，这些他所介绍的内容，就更近于一种信息，也即语言“所说之物”，所以学界通常将之翻译为“所说”（但“诉说”和“所说”在时间上也完全可能是同步的）。译者曾经把“le Dire”翻译为“言说”或“说”，但是相比这个概念的伦理属性，这两个翻译都过于中性化，而且指意不明显，因此我们此处改译为“诉说”，“诉说”通常都是带着感情和温度的，而不只是一种客观的讲述。而且，诉说也能表达“le Dire”中的进行和生成之意（英文将其直接翻译为“the Saying”），当你觉得有某个对象在对你“诉说”的时候，这一诉说必定是正在进行的。哪怕回忆中过去的某个人或某件事在向你“诉说”，此时，这一诉说也是鲜活的、正在进行中的。相应的，本书中的“言说”通常对应的是更为常用和中性的“parler”一词，但也会根据具体的语境和列维纳斯的使用，进行适当调整。

合理性（rationalité），它排他性地（exclusivement）依附于词语所承担的存在，依附于诉说中的所说（le Dit），依附于传输知识和真理的所说，知识和真理在这里以坚固不变的同一性之形式存在。这种理性自我接合为一种存在或体系之自给自足的同一性，它圆满、完善，拒斥或包罗差异，就好像差异是对它的一种背叛或限制。这是一种在黑格尔所确证的“同一和非同一”的终极同一性中，达至顶点的可理解性，这种终极同一性或许已使得同一哲学、内在性哲学或本体-逻辑学（onto-logie）大功告成。

在第二次世界大战结束三年后出版的文集《诗、思、知》（*Poésie, pensée, perception*）中，让·瓦尔[①]在第253页对“绝对”这一概念做了如下注释：它由一个原本指涉分离的理念，转变成了表示完满和包罗的理念。不可被包罗之物变成了包罗性的。

---

① 让·瓦尔（Jean Wahl，1888—1974），法国存在主义哲学家、诗人，他对存在主义在世界范围内，尤其是在美国的传播具有重要影响，也是最早向法国思想界引介黑格尔思想的当代学者之一（甚至早于科耶夫），他同时也研究克尔凯郭尔、柏格森和威廉·詹姆斯等人。在1942—1945年流亡美国期间，他促进了存在主义在美国的接受，作为一位诗人，他当时与美国著名诗人华莱士·斯蒂文斯等人也有密切交往。“二战”后，他在巴黎创建了“哲学学院”，试图为一些在当时法国学界比较边缘的哲学家提供一个发声和交流的空间。作为一名出色的学术组织者，瓦尔对法国战后思想的发展功不可没。列维纳斯与瓦尔关系十分密切，对其也十分钦佩和感恩，《总体与无限》便是献给让·瓦尔夫妇的。

难道我们不应该回归到它的第一层意思吗？它的第二层意思［难道不］会把我们引向黑格尔和新黑格尔主义吗？……瓦尔试图在所感、激情和诗的强烈性中，重现这样一种分离而超越（transcendant）的绝对。

不过，早在第一次世界大战后不久，加布里埃尔·马塞尔[①]就在他的《形而上学日记》[②]第207页质疑过“自给自足（autarkia）[③]，也就是自我满足这一古典理念，及其不同寻常的价值”。他写道：“完善，不是那种自我满足的东西，或者至少，这种完善化只能说是一种体系的完善，而非存在者的完善。在何种条件下，这种将存在者和它所需要的东西连接在一起的关系，能够呈现出一种灵性（spirituelle）价值？看起来，这需要一种交互性，一种警醒（éveil）。只有一种从存在者到存在者的关系，才能够称得上是灵性的……关键在于，这是一种存在者之间的灵性交流。这里关乎的不是尊重，而是爱。”

这是一个十分重要的文本，尽管它充满了有关

---

① 加布里埃尔·马塞尔（Gabriel Marcel，1889—1973），法国哲学家、剧作家和音乐评论家，基督教存在主义的代表人物。马塞尔时常被认为是法国的第一个存在主义者，不过他本人更希望将自己与萨特等存在主义者区分开来。列维纳斯曾经在20世纪30年代参与过马塞尔组织的影响颇大的哲学讨论会。

② 马塞尔的哲学代表作，以日记体形式写就。

③ 这是亚里士多德用来统摄其政治理想的一个概念：城邦自给自足。

存在、精神、灵性和爱的话题，这些词语，按照今天的品位，可能会显得像是一种过时唯心主义的语言之泛滥。确实，这些主题在马塞尔随后的作品中也比比皆是。但这又何妨！

在马塞尔那里，存在不再是一种自身意识，而是与自身外之他者的关系，是一种警醒。而自身之外的他者不就是他人（Autrui）吗？爱，首先指示的便是对作为**你**（*toi*）之他人的迎接。这种迎接能够两手空空吗？我邻人的**吃**与**喝**的全部紧要性，超越那种令人迷惑的博爱主义，猛然冲破诸范畴的宁静，并命令它们。这种从同一走向他者的可理解性，并不会取消差异。精神不再是一劳永逸的所说，而是总是开辟从同一到他者之道路的诉说，在那里，没有任何东西还是共同的（commun）。这是一者（l' un）对他者的非–无差异 / 非–漠然（Non-indifférence）[1]！在马塞尔那里，由**你**（*tu*）唤醒的**我**（*je*）的灵性，与布伯的哲学以及所有自认为是对话哲学的哲学相趋近，指示了一种既古老又新异的意义，也就是赠礼与献祭的意义。我所指的诉说的非–无–差异（non-in-différence），经过双重否定之后，依旧是

① 这是列维纳斯喜欢采用的一个专门术语，它既以一种双重否定的方式强调了差异，也突出了该词与“非漠然”，与伦理的关系。在本书中，涉及类似这样的一词多义的术语时，我们会用以“/”分隔的形式来同时呈现其不同语义。

差异，在它背后没有任何共同的东西以实质（entité）的形式出现。这既是联系，又是断裂，因此，是警醒：被他人所导致的我（Moi）之警醒，被陌生人所导致的自我（moi）之警醒，被无国籍者，也即被只是邻近的邻人所导致的自我之警醒。这一警醒，既不是对自身的反思，也不是一种普遍化；这种警醒指示出了一种为他人的责任，一种为了他们能够吃饱和穿暖的责任，一种我对他人的替代，我对他人之受难的赎罪，并且，毫无疑问，对他人之罪过的赎罪。这一赎罪无法回避地授予自我，我之自我独一性（unicité）由此并未被异化，而是被激化至无可替代。

然而，在这种断裂、警醒、赎罪和激化中，上演着一出关乎超越性（transcendance）的神圣喜剧[①]，而这一超越性位于存在论之外。

（王嘉军　译　　张书圣　校）

① 这个概念指称的是但丁的《神曲》，该书名的直译就是“神圣喜剧”（la divine comédie），但丁这部作品的原名其实是《喜剧》，“神圣”二字是后来薄伽丘为了表示对但丁的崇敬而加的。《神曲》的历程，从地狱，到炼狱，再到天堂，最后以喜剧结束，且是一个不断超升的过程，因此，列维纳斯用它来指涉他所论述的伦理超越。在《论来到观念的上帝》等作品中，列维纳斯也多次重申：别样于存在，就是神圣喜剧，就是超越。

1

诗与复活

有关阿格农的笔记

纪念穆里尔·莱维（ Muriel Lévy ）
和亨利·多姆布朗纳（Henri Dombrowner）

一

阿格农[①]属于犹太传统的世界吗？他作品中最受瞩目和最受赞誉的部分似乎是献给这一传统的。还是说反过来，他是这个世界之撕裂、崩塌和终结的见证者——按照这个已经流传甚广的说法——他“被现代世界的焦虑所俘获”？只有当一首诗作同时是一份档案，且构建它的艺术是一种话语运用的时候，这种两难的处境才是合理的。事实上，这一话语涉及的对象，同样也在每个时代的报纸、布告、回忆录和文学中被言说，即使，对于诗特有的诗意表达而言，这些对象只不过提供了一个有利的时机，只

---

① 萨缪尔·约瑟夫·阿格农（Shmuel Yosef Agnon，1888—1970），出生于其时受奥匈帝国统治的波兰加利西亚，后定居于耶路撒冷，1966 年获诺贝尔文学奖，是第一位获得诺贝尔文学奖的以色列作家，也被视为当代最具影响的希伯来语作家。阿格农深受犹太教哈西德教派和犹太复国主义影响，与同时代重要的犹太思想家马丁·布伯和肖勒姆等人均有交往。阿格农是列维纳斯忠爱的作家，列维纳斯的学生和传记作者萨洛蒙·马尔卡（Salomon Malka）曾经记录，阿格农在斯德哥尔摩领取诺贝尔奖后，途经巴黎时，曾受邀在列维纳斯供职的索邦大学演讲，列维纳斯当天专门停课请假，去聆听阿格农的演讲。参阅萨洛蒙·马尔卡：《创造以色列历史的 70 天》，马秀钰译，北京：社会科学文献出版社，2019 年，第 80 页。

不过作为托词而起作用。艺术的本质就在于：在字里行间——在时间的间隔中——在时间之间进行指示，就像一种先于行程的踪迹，或者一种先于声音之震动的回声。只有注解，才能在事后完成并无限重启这一行程或呼召（vocation）。不合时宜 / 时间错位（Anachronisme），可能就是灵启（l'inspiration）的诸样式之一。此处没有任何贬低书面意义的意思。在文学作品中，镶嵌于踪迹之行间空白的文字，因其意象（images）和比喻而停留为一种精致考究、暗示性的语言，任何言说都不能免除这种语言。教师必须向学生指出其价值：那些学习阅读的人，应该知道如何标出诗性意义的独特位置。

阿格农的语言，以及在这种语言的整全或瓦解中所讲述的生活，还有它所展现的以色列的土地，所有这一切都指向书，无论它们是在这些书中遗失，还是从这些书中到来。[①] 所有这一切都可以追溯到

① 《丢失的书》既是阿格农一部中短篇小说集的书名，也是其中一篇短篇小说的题目。它讲述了这样一个故事：一个年轻的犹太复国主义者，偶尔发现了一本解读犹太经典的奇书手稿，后来怀着信仰和对耶路撒冷的憧憬，攒钱将书寄到了耶路撒冷的图书馆，然而，若干年后，当他来到耶路撒冷，进入那个图书馆之时，却没有发现那本书，一个图书管理员去世了，接替他的人后来也去世了，但书始终没有找到。这个寓意丰富的故事，或许会有助于我们理解列维纳斯此处对于阿格农的阐释。参阅阿格农：《丢失的书：阿格农中短篇小说选》，洪诗羽等译，北京：外语教学与研究出版社，2019 年。

一种过去，人们有权质询这种过去能否在现在被掌握，能否在今天被再现。诗**指示**（*signifie*）这种过去，但不是通过其主题。诗指示它，就像歌唱一样。它的歌唱并不会消散在诉说和所说的完美和谐之中——这种和谐要归功于书写者的**手艺**（*métier*）——也不会消散在“作者对于他的人民、宗教或语言的热爱”，也即对以色列之爱（ahavath Israël）中，这一歌唱真情实意地将它的文学作品作为**工作**（*travail*）[①]来解释。外在于任何手艺、任何归属、任何参与，对于某种音色，以及没有这种音色就难以言传之意义的探寻，在阿格农的作品中，在这种语言中，在这种生活中，在这片土地上，发现了一片音域和一条出路。

这是鲜活而现代的语言，然而它的诞生却来自复活，它从圣书（Écritures）[②]的深处上升，它在文字凝滞的波浪中，进入光照，争辩和口语传统在其中已经瘫痪。在浮沫之下，用来对注解再进行注解的细小记号（signe），就像花边一样透出。这是圣书死去的语言，在其中，每一种表达都在其最后的和不可触犯的空间中持存。但这仅仅是一种死亡，一种

① 该词像英文中的“work”一样，既可以表达“工作”的意思，也可以表达“作品”的意思。

② 这里的“圣书”主要指的就是《圣经》，为了突出其“书”的属性，我们在本书中主要将其翻译为“圣书”。

凝固吗？还是说这是一种诉说的方式，这种诉说在**探寻**（*quérir*）难以言传之物，这种难以言传之物位于比忆起（réminiscence）将自身赋予纪念（souvenir）之处更遥远的地方。作为质询（questionnement）的圣书。作为关联的质询。在这种被书籍（livres）所阻滞的质询之永恒中，发生了怎样的一种演变！一代又一代无畏而热切的眼睛，从未停止细读、钻研、翻阅和反复研读这些书，只为进入那些符号的不变运动之中——那些符号迈向这些重重叠叠的文本之"深深的往昔"（profond jadis）①，虽然从未抵达。

这是鲜活的语言，复活的语言，它的文字被召唤在鲜活之物中，指示当下事物与希望。但是，位于这些文字所传达的执着梦想之下的，位于它们对经典文本中的语义故土那不可磨灭的纪念之下的，是一种生命吗？

这就是希伯来文字的两可性或者说玄秘性（énigme）。早在阿格农之前，这已是**形象化语言**（*melitsa*）的一种来源：语句采用《圣经》的表达方式并生出一种修辞效果，而这种对《圣经》的援引，无须引号来提示内行的读者。这种在阿格农书写之

---

① 这是列维纳斯的常用概念，来自瓦莱里的诗句："深深的往昔，从不足够久远"（profond jadis, / Jadis jamais assez）。在其他著作中，列维纳斯主要用这个概念指涉他者与主体在伦理维度的无限距离，以及主体对他者之责任的无端性或不可追溯性。

中的转义（trope），造成了与某种本体论的断裂。它是对《圣经》或拉比文献的指涉，对权威措辞的复现，是一种变体或回声。于是，语词并不模仿任何范本，而是在其被陈述出来的言说语境中指意，并且与圣书形成对照，指向一个不可再现的过去。这种复活的语言之玄秘性形态，开始于它自身的踪迹之中！

在这一两可的诉说中被指示的犹太生活，不仅仅以主题附属于话语的方式，附属于这种诉说。这一犹太生活通过其“实存模式”，使玄秘性得以延续或加深。以色列族群和流亡的故事，以及重新获得的土地，并不起源于它们所拼写出的存在！它们通过渗入生存之物质性动作的仪式，来证实这一过去，它们扭转了它们的自然目的性（finalité），使其转向象征（symbole）。就好像土地指示的只是应许之地，就好像身体和器官是为了履行戒律而被构造，就好像水果在树木上成熟只是为了使赐福降临，食物的消耗只是为了谢主之恩，就好像死亡的沉重本身，只在于那种恐惧，即看见如此多进行礼拜活动的缘由消失，正如以色列的一位伟人曾在某天所感受到的一样。这种生活，恰当地说，并不构成一个世界。如何言说这种完全他异于存在的模态？**超**

逾（*au-delà*）[①] 这个词在此处不是很合适吗？这与以彼岸（l'au-delà）为招牌的宗教毫不相干。事实恰恰相反：正是因为事物和存在者的天然性（la nature）是从象征中衍生出来的，而且对它们严密本质的界定远不如它们的象征意义（symbolisme）那般真实，宗教才在其中变得可信。宗教，或者更准确地说，犹太教，将是一种存在的祛实体化、一种被排除的第三项（tiers exclu）（在其中，生命和无生命的界限被抹除了）得以自我产生、自我可能的方式。这种模态，截然不同于诸基底（substrats）的实在性（réalité），不同于雕塑存在（être-sculpture）、建筑与结构存在、坚实存在（être solide）的实在性，坚实存在的每一项都以自身的因果性为起点，并形成内核（noyauté），自我持存。仪式的象征意义，作为希伯来诉说之玄秘，去核（dénoyaute）了位于形式的塑形性之下的终极坚实性——这是西方本体

① 列维纳斯晚期思想最重要的概念之一，该词在法语中常做介词和副词用，意为“在更远处超过；在……另一边”等，由于它在列维纳斯的使用中成了一个专用术语，且时常带有某种动词性质，因此我们将其翻译为“超逾”。

论[①]所教导的。

这种模态与另一位善于刻画超现实的伟大诗人果戈理笔下的奇幻特质完全相反。在果戈理的作品中，不同寻常的事情是不可能撼动基底的坚实性的。［在《鼻子》[②]中，］那个通过对抗自己的脸，也即科瓦廖夫上校那张呆板而自满的脸，而确立**自身**（*soi*）的鼻子，穿着制服，驾着豪华马车，但这一奇异事件并没有中断事情的正常进程。它进入警察的例行公事中，进入人们的书信往来中，进入医生的职业习惯中，进入刊登启事的报社之日常运作中，却不令这一切崩解。

于是，被仪式扭转了起源和自然进程的犹太生

---

① 基底的坚实性，纪念碑或纪念性雕塑的坚实性，在其中，这种本体论，这种对于存在的理解，寻求一种抵抗虚无的庇护。在《巴拉克这条狗》（*Le chien Balak*）这一故事中（第十章，第二节），阿格农以动物寓言的形式，向我们讲述了这种追寻：野兽们宁愿选择动物标本们的命运，以确保一种博物馆里的永恒，而不选择一种存有所面临的变数，被饥饿和比自己强大的猛兽们的残暴所带来的纯粹虚无所威胁。这些动物标本的命运或许就是那些“历史人物”的命运。——原注

② 《鼻子》是果戈理的短篇名篇之一，讲述了一个奇幻的故事：某天，八级文官科瓦廖夫的鼻子掉在了理发师伊凡的面包里。毫不知情的科瓦廖夫四处找寻，竟然发现他的鼻子伪装成一位穿着礼服的国会议员在大街上闲逛，怎么都不肯回来。丢了鼻子的科瓦廖夫无法体面地应酬其他官员，他焦急万分，无心工作，决定在报纸上刊登寻找鼻子的启事，还找到警察局长报案……最后，鼻子又神奇地回到了他的脸上。

活，使阿格农的作品中回荡着言说这种生活之语言的音声，时下词语的两可性从这些词的梦境出发，并在文本中回响。这种生活不仅仅是被歌唱，它本身就是歌唱。这部作品的真正不可翻译性或许正在于此。我们因此可以像阅读纯粹的诗一样阅读阿格农，而不用费心去思量：对于他而言，他所“描述”的传统主义是不可动摇的确定性，是庇护所，还是世界的终结处？他的作品的诗意内涵，超乎逸事性或社会性的奇景之外，超乎人们在其中猎奇的寓言（la fable）和“奇谈”（le“fable”）之外。

往昔的离散生活，以色列的土地（它的地理被吸收进历史之中，这片土地在指称它的词语中颤抖，如同这些词语一样，从书籍的深处流出）为阿格农的语言提供了一种必要的延伸。如果它们不存在，就应当发明它们。我们可以绝对确定：阿格农发明它们，不是为了一种对于象征的象征吗？不是为了使一种象征意义的象征意义、语言的语言、歌中之歌[①]得以可能吗？不是为了使语言在不同音域中的回响得以可能，并从这种形式主义中接收到一种特有的意义吗？这一作品的诗意内涵，如果离开了作品，就将毫无说服力，一旦它把自身呈现为这种诉说（Dire）的简单所说，它就不再具有说服力。

① 在《圣经》中，这一说法通常用来指称《雅歌》。

这一**超逾**，也许仅仅在阿格农搅动这一（无论是不是被杜撰的）现实的诸要素，并让我们仿佛听见其超现实的窸窣作响时，最为意味深长。这一超现实的窸窣包括：对物品的罗列；对拉比学者们专有名字的呼唤；用街区、街道、房屋的名称标记的以色列国境内的某条路线，它被一个人，乃至一条狗穿行；对一系列习惯性或仪式性姿态的描绘——

> 在我们已经吃饱喝足之时，我很荣幸被人们要求诵读“七段祝福”。人们斟满了两个杯子，我拿着其中一杯，用柔和的声音高声诵道：“**驱散痛苦和愤怒。**”并为那位常驻于喜乐的家中之主献上祝福。随后我诵念了餐后祝祷。当我读到“求主怜悯”的段落时，我按照我的惯例说道：“**愿我们不至失足跌倒。**”我感觉到新娘在注视我，尽管我按照诵念此祝福之人的惯例闭着眼睛。我感觉到她在注视我，我便把眼睛闭得更紧，以使我的思绪不偏离那受祝福者。在祝福之后，我放下了第一个杯子，然后拿起第二个杯子，诵读了一些以如下句子作结的祝福语：“**那为自身的荣耀而创造万物的主**”，“**那创造了人类的主**”，“**那以子女让锡安欢喜的主**”，“**那让新郎和新娘欢喜的主**”，“**那通过新**

> **娘而让新郎欢喜的主**”。然后，我再重新拿起第一个杯子，说起**祝酒**词，并饮下两个杯子中的酒，又递给新郎新娘及所有宾客共饮，然后我祝福了**葡萄树和葡萄果**，随后，我便无事，离开了。

这里的描述，几乎逐字逐句地重复了仪式的祝词和格言。然而，在阿格农的作品中，通过仪式性的动作所诞生的事物中，回荡着其完全的“不可再现性”，好似在他的语言中，词语的当下意义承载着圣书清晰而又玄秘的音声。这是一种想象的奇观吗？然而，想象（imagination）[①]却是一种图像（images）的在场。想象再现了存在的基底，然而这些基底又一次注定要死去，它已然从一种关联中断开，这一关联超逾记忆，穿过圣书的质询而迈向不可再现之过去。在阿格农的作品中，复活才是关键。未及（en deçà）于任何的现在，不可再现之物将不会在诗歌（poème）中被再现。它将以此而成为诗（poésie）。诗，诗意地**指示**承载它的复活：不在它所歌唱的寓言中，而是通过它的歌唱本身。

---

① 在这个意义上，“想象”也可以按照其字面的意思，被理解成“图像化”。

二

因此，传统的犹太“宇宙”提供给阿格农的不仅仅是一个主题。在这个“宇宙”中，存在就是意义，是对不可再现之物的指涉，而且是一种对所有可能自我封闭内核而成基质之物的持续裂变。它延伸**诉说**于该诉说的模态本身，其中鲜活的词语的最深处回响着圣书的意示（signifiance）。在当下与从未进入任何当下的事物之间，正是诗或复活的“间隔”（l’entretemps）。

不过，阿格农最后一部文集的结束部分，明确关乎复活。这部分题为“haèche Vehaetzim”——火与木。这是一个标题，还是一个问题？毫无疑问，这两个词指示的是毒气室里的火焰和木头，但它们是从另一个问题中提取出来的，也即以撒跟随他父亲亚伯拉罕走向摩利亚山[①]时，他向父亲提出的那个问题：“请看，火与柴都有了，但燔祭的羊羔在哪里呢？”[②]这一文本中的一切都是问题，在这本文集的倒数第二个故事《缩写》中也是如此。这是一些无解的问题，需要我们将其作为问询本身而铭记。

---

① 摩利亚山是《圣经》中亚伯拉罕献祭独生子以撒的地方。

② 该问话来自《圣经·创世记》22：7，此处采用了和合本的翻译。

在《缩写》中，定居在祖先土地上的作者，在七七节（Chavouoth）[①] 前夜得知，他波兰故乡的所有犹太人皆被德国人杀害。

要概述这个充满暗示的故事是不可能的：生命寓于死亡之中，而死亡亦存于生命之内；纪念托拉之馈赠（或者说意义降临于存在）的节日，被置于一种无可名状的哀悼之中心；绝望隐藏在欢乐中，而欢乐仍然是节日战无不胜的法则；重新获得的土地上的鲜花和芳香，混合着血液的痕迹和灰烬的味道，诗人家乡所有死去的人从他们的虚无深处，回归到诗人的幻象之中。他在他们绝对的地方（lieu）中重新看到了他们。这地方不是一个地点，不是一片人类定居于其中的美景，而是他们在已消失的城市中的犹太教堂内的座席，在那里，在场即是上升（élévation），地方已经是非-地方。

> 而我，置身于我的城市中央，就好像死者复活的时候到了。死者复活的日子是伟大的！当我突然发现自己身处于我死去的同胞、兄弟们当中（他们已然“归于他们的世

① 七七节，又名沙夫幼特节、周日节、收获节、新果实节，是犹太教三大朝圣节日之一，因在逾越节的七周之后举行，故名“七七”。

> 界”），他们一如生前在我家乡的所有祈祷之所那样出现在我面前时，我隐约体味到了那个复活之日……我站在那里，心慌意乱地看着家乡的居民们，他们的眼睛里没有一丝责备“**我是如此，而他们却是那般**”[①]的迹象。但他们哀于一种深沉而可怖的哀伤。除了一位老人，他嘴上好像挂着一丝微笑，说道：“看哪，这一步迈出去了。”也就是说，我们迈出了这一步，把悲伤的世界抛在了身后[②]……

这是死者和幸存者之间的平等，除了“有些人是如此”而“另一些人是那般”！死者在他们的座席上，在他们的职位上，超逾他们自己的本质，不再以第一人称说话，却仍然在对我们说着，他们岂不是挣脱了死亡，不是从其死亡本身中复活了吗？只有活着的人才会在不理解以色列存有之意义的情况下，还要求更长久的存有！

---

① 着重处由笔者所标。——原注

② 我们在文本中引用的这句话是这样结尾的：“在《马哈兰的漫谈中》，怀着蒙福的记忆，人们讲述这个义人某日曾听到一位来自伦贝格的布道者在交回灵魂的那一刻（英译本直接把此处的“交回灵魂”译为“死亡”——译注）打了个响指，仿佛他正在通过离开这个悲伤的世界，来完成一个绝妙的把戏……”——原注

不过，在另一幻象中，诗人又在一座空城里，看到了两个幸存者，教堂执事哈依姆（Haïm）和鞋匠沙洛姆（Chalom）："我跟他们说，请允许我再问你们一个问题。你们说在第二次灾难后，这座城里没有一个以色列人，那么，你们自己呢，你们也已经不再是活人了！然后他们对我微笑了，就像亡者看到我们认为他们已经不在人世时那样微笑。"这是玄秘的存在论，玄秘的微笑：镶嵌在玄秘中的玄秘。这种微笑不正也表达了死者对自己的讽刺吗？活着的人完全搞错了吗？诗所赋予的永恒和复活，摆脱了所有幻觉吗？人类的终极示意是语言和诗吗？

我们有理由追问，我们所讨论的文本的最后几页，是否故意地在冒超逾语言之险？在这几页中，诗人伊本·加比罗尔[①]出现了，他的歌自中世纪以来就属于节日礼拜仪式的一部分，毫无疑问，他激发了阿格农自己的诗性使命。死去的诗人，怀着对为

---

① 所罗门·伊本·加比罗尔（Ibn Gabirol，约1021—约1058），中世纪西班牙犹太诗人和哲学家，他代表了当时希伯来宗教诗和世俗诗的顶峰，同时还是一位重要的新柏拉图主义哲学家，被誉为西班牙第一位哲学家。他16岁时即以希伯来文写宗教赞美诗而赢得声誉。他的诗作极其丰富，但诗集已失传，残存的世俗诗约有200余首，题材极其广泛。其哲学代表作《生命泉》对犹太教神秘主义卡巴拉派和基督教的经院哲学产生了较大影响。加比罗尔生活在阿拉伯统治鼎盛时期的西班牙南部，他的思想是11世纪西班牙犹太-阿拉伯文化充分交流的产物。

家乡被灭绝的族群而悲痛之人的同情，写了一首关于消失之城的诗歌，这首诗将成为这座城的缩写。这座城的名字在诗中以藏头诗的形式出现。但是活着的诗人，由于陶醉，在听这首诗的时候忘记了这首诗。他肯定相信这首歌是由神圣之名所眷爱的圣人歌手，在上天所吟唱的。但他哀叹道："谁还会对我唱这歌？"在一个活生生的族群消失的世界里，谁还能传承传统本身——谁还能读圣典？传统的必亡性揭示了诗（这是超越性在西方人文主义中最后的堡垒）所暗藏的修辞。阿格农的焦虑就在于此。这种焦虑所面对的并非传统犹太生活的终结，而是使这种生活得以复活之文学的可能终结，以及西方人文主义的危机。

三

然而，作为对这种危机的回应（仿佛阿格农也是一个回应者！），或许《缩写》指示了一种秩序，这种秩序比诉说更加古老。通过这种秩序，死亡的无意义被质疑；通过这种秩序，复活从死亡本身开始，就像整个故事从未停止暗示的那样。

六百万犹太人被我们中间的外邦人杀

> 害。如今，以色列的三分之一人口被杀，另外三分之二则成了孤儿。在以色列，没有哪个人死去的至亲不达到几十人。那些纪念逝者的光就像只有一束光一样亮着，它们的亮度是相等的，为纪念寿终正寝之人的灵魂而点亮的光与为纪念被杀害者的灵魂而点亮的光，没有任何不同。在天堂，我们当然可以辨别一束光与另一束光的不同，就像辨别出其中每个灵魂的不同一样。从所有民族中拣选出我们，赐给我们生命的托拉（Tora de la Vie），这是那位永生者的伟大思虑，尽管有点难以理解他为何会在我们面前创造一种人类，他们因为我们看护托拉，而夺走了我们的生命。

为什么在思考那些纪念逝者的光时，尽管它们有些是为了纪念被灭绝的受害者，有些是为了纪念那些自然死亡的人，阿格农觉得它们有同样的光亮，却又希望“在天上”人们能够区分它们？莫非因为他洞见了以色列的统一性？也就是说，洞见了那种注定献身于他人的人之共同体之不可避免的联系？莫非因为他也同样洞见了，这一共同体中的每个人，无论他们的命运如何，无论他们会如何死去，都能够通过他们对这一整体的归属，而找到一种个人化的意义？

为什么阿格农在此处要感恩永恒者赠予以色列生命的托拉，岂不就是因为他在公正的律法和对邻人之爱中，在被施暴者无视，被哲学家贬低的伦理中，辨认出了所有意义的意示吗？它比死更强大，也就是说，它值得一种至高的牺牲，并因此，在死亡之中指示不死。

为什么要在这一感恩中有所保留呢？为什么毫不妥协地惊诧于那些杀人犯竟在看护生命的托拉者之间，散播死亡？莫非为了在恶中辨认“恶”，在死亡中辨认“死”？莫非为了避免那些温和的神正论，那无须付出任何代价的慰藉和缺乏痛感的同情？莫非也为了在死亡的神秘中辨认其荒谬的意义？如果一切在死亡之中都可以被理解，都是合乎理性的事情，它就将退回到生命的界限之内，死亡就将丧失它用以激发生命的那种盈余（surplus）；而这一生命带着它的忠诚直到死亡的边界，溢出了它自身的本质，在它的界限之中超离了这些界限，并且，从对本质化/存在的超逾中（d'au-delà de l'essence）[①]，品尝到了复活的滋味。

（王嘉军　译　　张书圣　校）

---

① 这个术语既是列维纳斯晚期的重要概念，又是其晚期代表作 *Autrement qu'être ou au-delà de l'essence* 一书书名的重要构成部分，这里的“essence”通常被翻译为“本质”，但列维纳斯是在存在论，或者海德格尔哲学的意义上谈论“本质”的，是动词意义上的“本质”，因此我们将其翻译为“本质化”，其实，在此处也可以将该词理解为名词化的“存在”，该词是由“ess”（存在）+“ence”（阴性名词后缀）构成的。

2

马丁·布伯和认识理论

一　真理问题

认识理论就是一种真理理论[①]。它同柏拉图的《巴门尼德篇》一道追问：绝对的存在如何能在真理中显现自己？通过它的显现，它不是进入了一个有可能出错的世界吗？自此，一种可能出错的实存，如何能触及存在而不使其降级？也许，古代哲学的全部努力都在于通过调解，来弥合表象界和存在界的鸿沟——这鸿沟，在一个宇宙中，不应是不可逾越的：灵魂不需要出离自身，就可重新找到它所源出的太一（l'Un）。

现代认识理论提出的主体和客体之关系问题，是对古代真理问题的延伸。但是现代认识理论不再假设这样的认知者：它被安置于宇宙构成者等级中的特殊位置。向往真理的存在者，与存在是完全分隔（séparé）的。分隔的概念，在被推至极端后，就会导致哲学家们为被分隔的存在，在其自身中寻找一种起源。分隔的存在将从一种恰恰不会导向任何**他者**的内部性

---

① 我们在文章中引用了《对话生活》（*Dialogisches Leben*, by Gregor Müller, Zurich）一书，该书于1947年汇集了布伯截至当时出版的主要哲学著作。为简化，我们在括号中给出了《对话生活》的对应页码，而没有注明页码所属作品的具体标题。——原注

（intériorité）出发，被解释和置放入只会导向自身的维度。分隔的实存将成为认识或意识的主体。认识将不仅是灵魂的活动之一——即使是最高的活动，而且还是灵魂作为被孤立者的实体性（substantialité d'isolée），由此，灵魂从其自身开始而存有（existe），也就是说，分隔地存有。对于意识而言——对于伴随灵魂所有运动的认知而言——没有什么是真正外在的。灵魂的所有运动——无论是使之与外部存在建立联系的运动（比如肯定、否定和意欲），还是表达一种对外部存在之依赖的运动（如感觉）——说到底，都是一种笛卡尔意义上的**思**（*pensée*）。这些运动的实存在其中发挥着最终作用的意识（这种意识也含括了科学），从自身中抽取出了一切来自外部的东西。如果将主体设定为意识，那么在它里面发生的所有事件——即便它们扰乱、冲击、伤害了意识——都来自这一带着意识的主体，它因此是从其自身开始而存有的，因此是分隔的。用胡塞尔式的术语来说，哲学是一种自我学（égologie）。胡塞尔的现象学对于超离有关主体的唯心主义概念，做出了如此有力的贡献，如果说它仍然是一种自我学，并在一种构成性的主体中重新发现宇宙的话，那是因为它从未放弃将自我（le moi）解释为表象性的意识（conscience représentative）。

自此，现代意义上的认识理论获得了一种原则性的价值：它把我们引向**原初存在**（*l'être originel*）。正是作为认知的主体，主体才具有这种尊严。因此，认识理论先于任何其他哲学研究，它不仅可以作为对认知（savoir）的预备教学，更可以作为关于绝对的理论。认识——作为这种存在的活动、生命和本质——就是与客体的关系。但是被主体作为对立面所构造的客体，［尽管］以一种对立来反对主体，这种对立却仍然契合它所否定的思。

对于本体论和主客体关系理论，它们共同维系着一种“可表述的真理概念”，因此，无论它揭示的存在之结构是什么，都是一种作为内容的真理（vérité-contenu）[①]。真理是通过词语来表达的，这些词语的原初功能是指示一种意义，而非召唤对话者，而这种意义是孤独和沉默的思所依赖的。伴随这种表达的可能性、说出真理的可能性，伴随这种真理作为一个结果的可能性，存在的整个纪念碑式的坚固性都回归了，即使自柏拉图的《巴门尼德篇》和《智者篇》以来，存在就被解释为关系，自笛卡尔以来，存在就被解释为思——即使客体变成了物理–数学科学中可理解，却不可被表象的客体。布伯哲学最有趣的立场之一在于表明：真理不是一种内

① 该词也可以翻译成“被含括的真理”，“内容”（contenu）一词，是动词“含括、包含、含有”（contenir）的变体。

容，词语也不能概括它，因此，真理比所有的主观性更加主观，但是这一极端的主观性，却又与唯心主义主体的主观性不同，它是一种独特的路径，通向比所有客观性都更“客观”之物，通向主体永远不能含括之物，通向完全的**他者**。

不过，布伯的尝试，与整个当代思想的运动密切相关。

二　从客体到存在

当代哲学中认识理论的历史，就是主-客问题消失的历史。封闭于自身以及在形而上学意义上是自身和世界之起源的主体，被揭露为［只是］一种抽象的构造。自我的坚实性被消解为诸种关系——例如胡塞尔的意向性，或者海德格尔的在世存在或共在，或者柏格森的绵延中的持续更新。具体的现实，就是人已经与世界相关联，或者已经被掷于他自己的当下（instant）[①] 之外。这些关系不能被简化为理

① “instant”通常被翻译为“瞬间”，本书在大多数时候也遵从这一译法，但这一中文翻译太容易让人联想到“转瞬即逝”而淡化了它的“坚固”之意，该词从构词可以被分解为“in 入、内 +st 站 +ant 形容词后缀”，本身就有立足之意，它是一个可以立足的时刻，其中暗含了某种“稳定性”。

论性的表象。理论性的表象只能证明思维主体（sujet pensant）的自主性。要破除封闭于自身的主体这一概念，就必须通过分析，发现在客观化之下支撑这一概念的所有不同关系：人在使自己得以定位之前，就已处于一种境况之中。这并不是说这种对存在的归属被简化为被等级化的宇宙中的一个位置，或物理机制中的一种功能，且不以任何真理作为中介。而是说，与客体的关系，不必然是一种与存在的关系，而客观认识也不是［通达］真理的原初路径。客观认识本身已然置于一种照亮其自身进程的光之中。需要一束光，来看见光。这不仅是《诗篇》作者（Psalmiste）[①]的渴求，也是哲学家的渴求。从这个意义上说，它标志着一种认识理论之预备性和本体论特权的终结，这种认识理论展示了主体抵达客体的方法。

不过，它却开启了对存在的认识和关于这种认识的理论。对存在的知识得以保留认识之名，并不因为它以自己的方式模仿与客体的关系，且关乎的是一个比客观认知的客体更厚重、更难以渗透或更宏大的客体。在原初真理中与存在的交流，首先在

① 前面一句“需要一束光，来看见光”对应的应该是《圣经·诗篇》36：9 中的“在你的光中，我们必得见光”（和合本），所以这里提到了《诗篇》的作者——相传是大卫王。

于不再**承载**（*porter*）存在，不再是一种**关于**（*sur*）[①]存在的话语。它不是论题化。它只是描绘论题化将变得可能的地方；它只是标划出任何关于客体的命题都在其中具有意义的语境。在海德格尔那里，对真理的揭示，所散布的只不过是看到光所必需的最初之光。在谈论这一问题之前，必须得先回应他。对柏格森来说，真理是决定、发明、创造，而不是对存在的反映。[②]柏格森式的直觉，事实上不仅是一种越出了所有关于存在的外在和旁观视角而与存在的统一，而且是这统一本身中的发明和创造——真理在此是存在本身的根本性事件。

因此，如果认识在当代哲学中的指向是越过客体而朝向存在的话，它通向存在的运动也不会同于通向客体的运动。如何正面地描述这一运动？当代哲学探求一种关于这一终极认识的理论。布伯的哲

---

① 短语“porter sur”通常指以某物为对象，此处意即“以存在为对象”，但列维纳斯此处用斜体强调了 porter，该词有“提、运送、承载”等含义，好似存在是一种坚实厚重的有形之物。

② 莫里斯·S. 弗里德曼（Maurice S. Friedman）先生的文章《马丁·布伯的知识理论》发表在《形而上学评论》上，清晰且敏锐地阐述了布伯认识论的基本方面，但未能充分展现其与当代哲学思潮的亲缘性。这些思潮虽然未将“我-你”主题置于中心，但已经打破了主客体关系及其支撑的本体论。尤其柏格森，肯定不是关于“它”（Cela）的理论家。另请参阅此文中优秀的参考书目，它们列出了那些与布伯同时期或受其影响而专门研究“我-你”的著述。——原注

学应该从这一角度来审视。

三　经验和相遇

就像大多数同时代人一样，对布伯来说，**自我**（le Moi）不是一种实体，而是一种关系。它只能作为关注某个“**你**”的“**我**”，或作为把握某个“**它**”（*Cela*）[①]的“**我**”而存在。这并非作用于两个不同项的同一种关系。这种关系本身，与这些项中的每一个，都以不同的方式相关联，就像在现象学家那里一样。

“它”的范围与“我”在客观和实践经验中所涉及的一切是相契的。经验和实践被合并在一起（45），而不考虑实践的非客观化结构，在这种结构中，人们在当代看到了自我于存在中的投入（engagement）[②]。就像柏格森一样，对于布伯而言，使用是一种最表层的关系，契合对事物的智性理解。

---

① 为了对应布伯的中文翻译，这里将 Cela 统一翻译为“它”，按照法语的词义，其实也可以翻译为“那个”“那”。此外，遵照原文，我们不再逐一在“我-你”“我-它”后加上“关系”以补足语义，实际上，这里的连字符本身就有关系之意，但“我-它”关系显然不同于布伯所推崇的“联系”。

② 该词有“承诺”“抵押”和“介入”等意，在西方马克思主义文论传统中，当谈到文学对社会和生活的参与时，通常译为“介入文学”，但这里语境不同，因此，我们将其翻译为“投入”。

实际上，“它”的领域被设定为我们所有智性、意志和感情活动的对应领域，而这是由于这些活动**承载**在一个客体上。我感知到某物。我感受到某物。我表象了某物。我思考某物……所有这些和所有与之相似的东西，共同奠定了“它”的领域（16）。在这里，“它”正是在胡塞尔用来指示意向对象的诸术语中得到描述的。“我-你”在与“我-它”有所区别的意义上，将指示一种不同于意向性的关系，而在布伯的思想中，则构成了意向性的条件。正是在这里，远早于海德格尔，并与柏格森主义相契，对建构客观化智性之结构的先在结构的探究，就开始了。[①]

我们用第三人称“他”“她”“他们”来谈论的人类存在者，以及我自己的诸心理状态，都属于“它”的领域。“我”经验这些：［但］只探索它的表面，而不以整个存在投入其中（15—16），也不真正离开自身（17）。“它”是一种中性（neutre）。中性的意思是，在“它”之中，存在者并没有在它们他异于所有他者的独一性（unicité）中被接近。它们是我们所支配之物，以其总量而对行动产生作用。因此，指向独立者、完全**他者**的真正认识意向

① 海德格尔的《存在与时间》（*Sein und Zeit*）最早出版于1927年，马丁·布伯的《我与你》（*Ich und Du*）最早出版于1923年。

（intention du connaître），并未在此实现。存在在其作为商品的匿名性中，在其作为“积累储备”的过去中，或者在其并非一个真正当下的享乐瞬间中，被同化，被呈送给需求。（25）

“我-你”关系意味着把自身放置在一个外在的存在者面前，也就是一个极端**他异**的存在者面前，并如其所是地承认之。这一对他异性（altérité）的承认，不在于形成一个他异性的理念。拥有对某物的理念，乃是一种“我-它”的标志。[但“我-你”关系]与思考他人无关，也与将他人作为他者来思考无关，而与向他人讲话，对他人说“你”有关。通向他者之他异性的恰当路径，不是一种感知，而正是这种以你相称。在这一召唤中，存在着一种没有对象的即时接触。这是一种原初关系（30），对它的客观认识只不过是一种歪曲。这并不是说“你”是一种新颖的客体，而是说连接“你”的“运动”不同于对对象的论题化（thématisation）。被如此召唤的存在是不可言说的，因为我在谈论它之前，就已经在和它说话，而通过谈论它，我已经打断了这种接触。和它说话，就等于让它的他异性得以实现。因此，“我-你”关系从一开始就逃出了“我-它”的引力场，在“我-它”中，客体的所谓外部性仍然保留为封闭状态。

在“我-你”中，自我不再是主体，而是一种卓越（excellence）的关系——一种超越了“自身”（Soi）之界限的关系（404—409）（尽管可以追问，在布伯那里，这些界限是如何确立的）。这种关系就位于“**我**”的本质之中：在它完全自我肯定之时，它仍然无法脱离“你”来设想（23—40及其他地方）。“你”标记了一个维度，在这一维度中，“我”寻找，或者说，已然找到了另一个存在者，“你”作为相遇的地平线/视域（horizon），是先验的或固有的（39）。“我”处于一种连接（liaison）中，其诸连接并没有被归结为**思**（*pensées*），思［恰恰］会解除所有的连接。“它与存在的总体维持在一种原初的共通之中。”（443—445）根据布伯的说法，在原始心智（mentalité primitive）中，互渗律（loi de la participation）①将证明这些连接的原初特征，即“我-你”相较于“我-它”的优先性。（30—33）

这是介于承载于一个客体**之上**（*sur*）的经验与将一个存在者置于另一个存在者**面前**（*en face*）的

---

① 这里的“原始心智”和“互渗律”都是法国人类学家列维-布留尔（Lucien Lévy-Bruhl）的概念，列维纳斯在其他的作品中对此多有提及。布留尔认为，原始心智具有自己特殊的规律，使用一种不同于文明人的逻辑方式，即所谓“前逻辑”，受“互渗律”的支配，个人与外界通过神秘的方式相互渗透，并以此认识和把握外界。“互渗律”则指的是那些对主体和客体、物质和精神尚未有清晰区分的原始人，可能会产生的一种与外界交融、主客不分的神秘体验。

相遇之间的差异，这种差异涉及的是关系本身，而不仅仅是诸相关项（corrélatifs）。布伯对认识理论的根本贡献在于，他确立这一差异的分析之丰富性，其展开的意涵和广度，远超曾经论述过“我–你”的费尔巴哈之预想；此外，这种贡献还在于，对将经验建立于相遇之上的关切。与作为客观知识基础的存在之关系，并不导向非人的和中性的实体，也就是海德格尔所说的那种**存在者的存在**，而导向一个作为他人的存在者，从而导向作为存在之首要事件的社会关系——这在我们看来具有至关重要的灵性意义。

最后，让我们指出布伯描述的现象学特征：它们处于**知觉**（*perception*）的世界中，感知的诸视角无须向任何智性的权威（instance）证明其合理性；实存非理论的诸模式是“意义的出借方”，存在论结构永远不能与之分离。

四　间隔（l’intervalle）的存在论

这种关系不会复归一种“主观的”事件，因为“我”不表象“你”，而是与“你”相遇。这种相遇不同于柏拉图所说的灵魂能在沉默的对话中与自己保持的关系。（204—205）“我–你”这种相遇不是位于主体，而是位于存在之中。（26—27）这并不意味着它在“我”的面前发生。存在论领域不是一整块的存在，而是事件。“在二者之间”，在“我”和“你”之间的间隔，“**之间**”（*Zwischen*），正是存在的运作发挥作用的地方。（27）

但是，“在二者之间”也不是一种独立于它所分隔的“我”和“你”而存在的星际空间。间隔的维度只对在每一次特殊相遇中的“我”和“你”，特别地开通。（458）至高的超越性，关联着“我”和“你”的至高特殊性。布伯不只指出了一种与自然和物不同构架的存在，例如，就像指出一种不同于埃利亚学派[①]存在概念的生成概念。“在二者之间”不能再与个人化的冒险分开：它因这种个人化的冒险而比任何客观性都更客观。“之间”在每一次相遇中都重新构成，并且就像柏格森式绵延中的瞬间一样，一直都是崭新的。

但是，如果“在二者之间”这一概念，能够作为存在的基本范畴而运转，那么它的游戏[只能是]在人身上进行的。（455）人不是一个建构的主体，

---

① 埃利亚学派是古希腊最早的唯心主义哲学派别之一，主张一元论，即世界的本源是一种抽象存在，因此是永恒的，静止的，而外在世界是不真实的，该派以擅长诡辩著称。代表人物有创始人克塞诺芬尼（Xenophenes）及其弟子巴门尼德，还有巴门尼德的弟子芝诺等人。

而是相遇本身的衔接点（articulation）。人性自我（Le moi humain）不是诸存在者之间的一个存在者，而是一个作为范畴的存在者，根据布伯的说法，从尼采开始，这个范畴就被如此承认了。（387）人性自我就是相遇。它是让自身保持距离者——世界以及那些在我们使用后依然存续之物的匿名实存，已经在这种距离中得到了确立——它同时也是与这个隔开而他异之世界进入关联的入口。[①]通过这两种运动，人就处于存在的中心，而且整个哲学皆为人类学。人之所以处于存在的中心，并非由于他是思的主体，而是因其完整性（totalité）[②]，因为他的完整性就是他的处境的具体性。这一完整性支撑着他的思本身，并且已经是超越性。“只有当我们尝试在其诸结构的完整性中，在它与所有非它之物相关联的可能性中理解人性个体时，我们才能理解人。”（419—429）“人得以完整，不是通过与自己的关系，而是通过与另一个自己的关系。”（399）

作为距离和关系之可能性的人，不是自然的主体，也不是自然的一部分。说“我-你”不是心理学

---

① 参见小册子《原初距离与关系》（*Urdistanz und Relation*）。——原注

② 这里因为列维纳斯借用的是布伯的术语，因此我们根据语境将其翻译为“完整性”，而不是列维纳斯哲学中的重要概念——总体或总体性。

关系，而是存在论关系，并不是要把它还原为一种在自然中的**真实**（*réelle*）关系。存在的游戏在其中上演的间隔，以及人类实存所开辟而又跨越的间隔，表明了对一种“存在-内容”“现实化的存在”“被叙述的存在”之概念的放弃，这种放弃是我们这个时代整个存在论的特征。

五　联系和拥抱

这一同时也是一种存在论事件的认识-相遇，又是如何被结构的呢？

“我-你”关系是一种真正的知识，因为它完整地保持了“你”的他异性，而不是在“它”的匿名中忽视它。值得注意的是，“我”从“你”中后退，与“你”保持距离，并（如海德格尔所说）让“你”存在的运动，正是使与“你”的联系成为可能的运动。事实上，只有在有他异性的地方，才有名副其实的联系：联系，Verbundenheit[①]，可以说就是他异性本身的表现。（44）“你”和“他者”的在场，事实上就是一种朝向我的言说，而且急需回应。“不再会给出回应的人，就不再会知晓言说。”（196）

---

① “联系”的德语表达。

停留为旁观者的"你"是不可能的，因为"你"的实存，就是他对我的言说。只有一个回应于一个他者（responsable pour un autre）的存在者，才能与之维持对话。从词源学意义上说，这种回应性 / 责任（responsabilité），而不是言辞的交换，才是**对话**（*dialogue*），在其中，相遇才得以实现。停留为旁观者的不可能性，并非由于一种在世上某种被抛境地（situation non choisie）中务实而悲戚的卷入，不是一种［精神上的］被遗弃状态，而是出于一种回应言说的必要性。一种将我卷入其中的非人性现实，就是一种告诉我某些事情的现实（143—144），如此使用的"它（cela）告诉我一些事情"不是一个隐喻。它表达了语言的本质本身。

因此，真理并非呈现在一个无动于衷、俯瞰现实的主体面前，而是一种投入，当真理让另一个存在者停留在它的他异性中时，这就更加不可避免了。认知者不能在完全的超然（détachement）中接触到绝对，**完全的超然之不可能性，在柏拉图的《巴门尼德篇》中，分开了存在与真理**，而在布伯的思想中，投入则使人通达他异性。外在而他异的，就是那能够引发责任的事物。（197）布伯的努力在于，将"我-你"关系中"你"的根本他异性，恰恰保持在关系中："我"在其中不把"你"作为一个客体来吸收，也不被出神地（extatiquement）吸入"你"之中。"我-

你”关系，是一种与尽管在关系中、却始终保持绝对之物的关系。有关真理的巴门尼德难题，在作为人际关系的社会关系中，得到了解答。

这里所讨论的投入，是严格意义上个人化的投入。真理不是对投入的反思，而就是投入本身。人作为范畴指的是每个人（349），而不是在“我-它”关系中可通达普泛的人。我们在其中发现了实存哲学的主题之一。这种对实存的极端个别化，不是作为一种相对主义，而是作为知识的基础被提出的。（328）

但是，通过投入获得的知识，并非如柏格森主义或某些实存哲学论点所认为的那样，是与存在的契合而与其表象的对立。为了了解痛苦，“灵魂投身于真正的痛苦的深处”（436），而不是像一种景观一样注视它，这一点同样适用于“一切灵魂的事件——那些神秘甚于景观的事件，它们的意义对未曾亲自投入其中的人始终是封闭的”（437）。但是，即使对于痛苦这一具有代表性的特殊案例——它假定了一种简单的相契，布伯也要求一种出自另一秩序的联系，一种对话性质的联系，一种与“世界之痛苦”（438）的交流。

责任 / 回应性与对话的联系，即与存在或知识的原初关系，它是交互的。但是，这种交互关系不是被演绎或推导出来的吗？对话的最终本质体现在布伯称之为“拥抱”（Umfassung）的结构中，这无疑是他最具独创性的概念之一。在“我-你”中，这种关系的交互性被以某种方式直接经验（vécue），而不仅仅是被知晓：“我”在与“你”的关联中，通过“你”而与自身相关联——“我”与“你”相关联，就好像与那个与“我”相关联的人发生关联一样，就好像能通过“你”的皮肤触及自己一样。通过“你”而回到自身。它必须与“移情”的心理现象区分开来，在这种心理现象中，主体通过忘记自我而把自己放在他者的位置上。在“移情”中，“我”忘记了自己，且不显现为“你”之“你”，而“拥抱”的全部敏锐性（acuité）却位于“我”的现时性（actualité）之中。（280）

六　真理

Verbundenheit（联系）就存留于“我-你”的交互性中，存留于“我”所投入的与“你”的对话中，这正因为“你”是绝对的他者。因此，言说的本质最初并不在于它的意义和叙述能力，而在于它所唤起的回应。言说并不因为它所陈述的思想与事物相符或揭示了存在，就是真切的。当言说出自我-你关系，也即存在论的进程本身时，它就是真切的。当它通过唤起回应，并确立一个能够给出回应的独一个体来实现关系的交互性时，它就是真切的。在这种设想中，真理的静态观念，即真理能被说出来多久就会重新显现多久的观念，被摧毁了。与不变的存在（être immuable）相对的不仅仅是赫拉克利特和柏格森意义上的生成中的存在（être en devenir）——那种不能通过言辞传达、因为言辞会使其静止的存在。布伯描述了一种没有任何叙事能够捕捉到的存在，因为这种存在是存在者之间的生动对话，而这些存在者并不像内容那样彼此相关联：**一个存在者对于另一个存在者无话可说**。“我-你”关系的敏锐性，就在于这种关系的完全的**形式主义**。在他人身上瞥见一种内容，就已经是把他当作一个客体来关联，就进入了“我-它”之中。

真理的概念，尽管布伯对其使用了一种不够教学化［明晰］的语言［进行描述］，［但可以看出］，它是由作为与存在的根本关系之“我-你”决定的。需要区分被占有的真理（vérité possédée），也即作为非人化结果的真理，亦被称为知识真理（283），与存在的真理（vérité d’être）之间的区别。后者指的是某种实在性真正存在这一事实，并**指向上帝**。但真理也意味着一种“对于存在的真实态度”，“与存在者的真实关系（realverhältnis zum Seienden）”（198—199），与验证（bewährung）

它的考验相关。“对我们这些造物来说，理解就意味着每个人都以自己的方式，真实地（warhaft）、充满责任地，担负起与存在的关系，忠实地接纳存在的所有表现，敞开精神，向世界开放，并将其纳入我们的存在方式之中；活生生的真理正是如此涌现并得以维持的。”（283）

布伯引用克尔凯郭尔的话，指出：个体通过“以个人实存来表达已被言说之物（das Gesagte）”这一事实来验证真理；这使得真理不是一种与存在的一致性，而是与本真生活的关联性。不过，布伯在此对引用的文本进行了修正：“我几乎要说”，他写道，“个体通过以个人实存来表达未被言说之物（das Nicht-gesagte）这一事实来验证真理”（201）。如此这般，他果断地剥夺了真理作为被说出的言语和任何内容的本质。真理完全就是态度，是对真理的追求或为真理所作的斗争。（213）从此，真理更多地意味着一种生活所具有的本真性，而不是表象和存在之间的相符：“一种属人的真理，人之实存的真理”（« eine menschliche Warheit, die Warheit menschlicher Existenz »）（297）。也许布伯频繁使用的“活生生的真理”这个词，并不是一个富有浪漫色彩的术语，而是指一种依据本真（authentique）和非本真，而非一个真确的（vraie）理念所决定的实存。

然而，在将“我”与“你”联系在一起的责任中，正是“对真理的追求”赋予了“我”的人格以本真性，并将它从一种匿名的集体性和无意识的深处拉出，对于无意识而言，“我”只不过是工具和代言人。（251页及随后）通过对真理的追求，“我-你”这种投入是一种个人化的投入。如此一来，真理岂不就恢复了它的理论性和智性的面貌吗？在一旦“我”阙如，就无法存在的“我-你”关系中，难道我们看不到已被超离了的主体性又显出轮廓吗？

七　相遇的形式主义

“我-你”关系所实现的，除了相遇之外，别无其他。“你”没有“我”可以渴望或知晓的任何属性。被作为关系而在**对话**（*Zwiesprache*）[①] 中选出的典型例子，是在不相识的存在者之间发生的。（134）“在‘我’和‘你’之间，没有任何观念结构，没有任何预知，没有任何幻想……没有任何目标，没有任何欲望，没有任何期待。任何中介都是障碍。只有当所有的中介都消失了，相遇才会发生。”

---

① 该词在德语中对应法语里的“dialogue”，它意指的是一种“二人间的深度交谈”，带有精神上共鸣的意味。

（23—24）内容将是媒介，且会损害行动的率直性（droiture）和简明性。布伯通过“发生”（Geschehen）（133）这一概念，来指称这一无名的事件，也即犹如透明一般的、这一事件超越能动性（activité）之行为的纯粹性。因此，每一次相遇都是一次独特的事件，无法叙述，不能与其他的现在一起形成一段**历史**（*histoire*）[1]。它是纯粹的闪光，就像柏格森直觉中的瞬间（234）一般，就像柏格森的弟子扬科列维奇[2]的“几近于无”［这一概念］一样，在其中，意识与内容的关系被缩小到极致，以至于触及这一极限：意识不再具有内容，却仍像一根刺进了存在的针尖那样得以保持。这种关系是没有连续性的诸瞬间的一闪而过，而这些瞬间拒绝成为一种伴随性的和被占有的实存。（118—232，456—457）也许这种审视方式也与布伯的宗教自由主义有关，与他反宗教的宗教感情（religiosité）相关。作为对精神教条主义之僵化而停滞的形式的反应，他的宗教感

① 该词在法语中也有“故事”“虚构的事”之意。

② 弗拉基米尔·扬科列维奇（Vladimir Jankélévitch，1903—1986），法国俄裔犹太哲学家、音乐家，曾在巴黎高师跟随柏格森学习，“二战”中曾参加法国抵抗运动，战后在索邦大学（1971年后的巴黎一大）获得道德哲学教席，任职至1978年。他以其对时间和厌倦等主题精深的心理学和道德研究而闻名。扬科列维奇是列维纳斯的朋友，也是列维纳斯十分推崇的同时代哲学家，他经常提及扬科列维奇，也曾撰专文评论过他。

情把接触［本身］置于其内容之上，把上帝之纯粹和无法言喻的在场，置于一切教条和规则之上。然而，问题依旧悬而未决：超越性在没有与内容和教条建立关系的情况下，还能否从它作为一种关系而开启的升高或降低维度中，成为一种名副其实的超越性？然而，我们将看到，尽管在对“我-你”的描述中有如此丰富的伦理元素，但这些伦理元素却并不具有决定性。“我-你”在面对事物时，依旧是可能的。

虽然布伯赋予了人与人之间的“我-你”以特权地位，因为在其中，交互性能够在语言中得到充分延展，但他认为相遇也是与上帝和事物之间的关系。面对上帝，我们可以如同蒙受呼召一般行事。（18）树木并不为我所用或溶解为表象，而是能亲身（en personne）面对我，与我交谈，并激发回应。对胡塞尔来说，对事物亲身的表象与通常的表象形成了对立，并会使我投入其中：在这种情况下，事物不是被给予的，因为我在某种程度上也为它所约束。[①]投入是交互的（20、28、44及其他地方）。被简单给予的且我可以支配的事物，属于它的领域。艺术家通过创作作品而遇到事物的方式，是回应这种［亲身］

---

① 英译者参考了本文的德语版本，指出此句的法文是错误的：提出这一观点的是布伯，而非胡塞尔。相比德文版而言，法文版遗漏了一句话。结合上下文来看，这一观点是有道理的。

相遇的方式之一。

在布伯的晚期作品之一《人和他的形象》(*Mensch und sein Gebild*)中，被提供给使用和需求的可感世界，也即“它”的世界，本身就是由相遇所**规定**(*conditionné*)的，这一相遇在源头上描述了人与人之间的“我-你”，甚至也描述了将我们与上帝和自然联系起来的“我-你”。作为所有人类行为之来源的可感知觉(《人和他的形象》，第13—14页)，并不是一种在人身上的主观实在性。它是人对与科学对象X的相遇所做的回应，X不可表象，等待着人[的感知](同前，第16页)。人的回应，即是给出一种形式的观看(vision，Schau)。“这一观看是一种对‘未知’的构型化忠诚(fidélité formatrice)，这种忠诚会与之合作完成其工作；这种忠诚的显现不是针对现象，而是针对我们与之交易/交流(en commerce)的、不可接近的存在。”(同前，第19页)这里虽有对形式心理学(格式塔心理学)的借用，但是布伯并没有回到从感知出发来建构事物的观点：[在他看来，]这里涉及的是一种在“之间”(Zwischen)中完成的运作。只有“之间”本身才属于既非主体也非客体的存在。布伯早在《我和你》中就已经说过(102)：“世界的建构和消失，既不在我之内，也不在我之外，它们根本不存在，它们只是一直在发生(Geschehen)，而它们的发生依赖于我的生命。”在《人和他的形象》中，布伯将相遇纳入自然的存在之中，于是在其中，感知与生命的其他行为以相同的名义运作。“人不仅通过这些生命行为并作为能自行驱动的存在而归属于自然，同时还作为感知者而归属于自然。我的感知在无损于主观实存之灵性的情况下，是一种自然秩序行为，自我和 X 都投入其中。”（《人和他的形象》，第 17 页）“自然向往完整性，这意味着向往被感知状态。”（同前）

这样理解的自然——而这可能也是这一设想的根本教诲之所在——既不是一种主观的表面现象，也不是一个客观的界域。这二者**都是抽象的**。真正的存在观念，位于存在者之间的相遇中（这些存在者若凭其本身，则仍是抽象的），以至于感性世界比所有客观性都更客观，而感知是存在的原初事件，或者说，存在就是事件。

然而，布伯的认识理论最具特色的地方在于：在与事物的关系和与人的关系之间，存在着一种共同的衡量标准。以至于，我们在语言本身的基础上所看到的责任，永远不会具有严格的伦理意义，因为自我对感知中的 X 的回应，在一种不完美的形式下（《人和他的形象》，第 26 页），乃是将会成为“我-你”关系的东西。人与人之间的关系与它所伴随的伦理回响，是相遇的一个特例，但在布伯那里，这种伦理回响是通过上帝的中介，通过对上帝的模仿，并通过一整套高度知晓上帝之本性的神学（214、215—221）而被伴随的。布伯当然承认，感知相遇的超离有四种形式：认识、爱、艺术和信仰。但是，这四种形式并不能从“我–你”关系中推导出它们的特殊性质。布伯的想法在此有所摇摆吗？虽然早在《我和你》中，他就承认事物可以属于“我–你”关系，但当“你”有一张人的面容时，人与人之间的关系不仅拥有特权，而且还**规定**了所有其他关系：“其他一切都在它的光芒中闪耀。”（20）“因为当下这个人的存在，我们才能在这个世界中抱持信任。”（281）“你”的光芒，如同之前柏拉图笔下理智的阳光、善之理念，如同后来海德格尔的“存在者之存在”的磷光，将是所有其他真理所回归的原初真理。

八　若干异议

我们如何在不强调责任之严格伦理意义的情况下，维持人与人之间“我–你”关系的特殊性？如何在不质疑布伯一直坚持的交互性的情况下，凸显伦理意义？伦理不就开启于当“我”察觉到**高于**（*au-dessus*）自身的“你”时吗？

在“我–你”的交互性这一点上，我们要保留我们的主要批评意见。伦理主题在布伯自己的描述中也很常见，但“我-你”关系却常被一种更抽象的关于距离和关系的结构所取代。这种结构甚至还会支撑“我-它”关系。我们要追问的是，以一个问答对话显现的与他人之他异性的关系，是否可以不涉及“我”和“你”之间的矛盾性层级差异而被描述。“我-你”关系的原初性来自这样一个事实，即这种关系不是从外部知晓的，而是始于实现了这种关系的“我”。因此，“我”的位置不能与“你”所占据的位置互换。这种自我性（ipséité）的位置是由什么构成的？如果我通过说“你”而成为我，那么，我就占据了我的关联者的位置，而“我-你”关系就会类似于所有其他的关系：就好像一个外部旁观者在用第三人称谈论“我”和“你”。形式化的相遇被翻转了，可以从左到右，也可以从右到左阅读而无区别。在他人既高于我又贫于我的伦理中，“我”区别于“你”并不基于任何“属性”，而是基于中断了布伯形式主义的“高度”维度。他人的优先性，就像它的赤裸和贫困一样，并不对它与它的他异性之完全形式化的关系作出界定，却已经界定了这种他异性本身。

如此一来，这种关系本身就不再是那种不断更新的、空洞的接触，纯粹属灵的友爱正是这种接触的顶点。（285）这些天使式唯灵论（spiritualisme angélique）的主题之回归（幸好这些主题被书中有关“我-你”与群体之关系的异常有力的篇章弥补了。在这些据称针对克尔凯郭尔和海德格尔的篇章中，被置于“它”之中的“他们”和“她们”的相关阐述也得到了修正），时不时以一种唯灵性和教化性的语言说出。在我们看来，这些主题是一部在别的地方如此丰富的作品中，最为过时的元素。如同一种关于客观交往的朴素唯物主义一样，这种关于友爱的纯粹唯灵论在我们看来与实际现象也不相符。布伯激烈地反对海德格尔式的“关怀”（Fürsorge）观念——给予他人的关心，对那位德国哲学家来说会是通向他人的真正途径。（401—402）当然，不应在海德格尔那里学习对人之爱或社会正义。但是“关怀”作为对本质性匮乏（dénuement）的回应，是通向他者之他异性的一种途径。它考虑到了高度和悲惨这一维度，从而远比“拥抱”更能刻画关系的特征。人们可能会问，给赤身裸体的人穿衣服，给饥饿的人食物，难道不是真正而具体的通向他人之他异性的途径，比友爱的以太[①]更加本真吗？没有

① “以太”是亚里士多德所设想的一种物质，在亚里士多德看来，物质元素除了水、火、气、土之外，还有一种居于天空上层的以太，因此，“以太”也被认为是第五元素。“以太”概念后来被近代物理学征用，其后又逐渐被否定。在此处，我们可以把“以太”理解为一种神秘而无形的媒介。

“关怀”，对话还可能吗？因此，如果我们指责布伯将“我-你”扩展到事物上，这并不是因为他在与自然的关系上看起来像万物有灵论者，而是因为他在与人类的关系上看起来更像艺术家。

从主客体关系到“我-你”关系的过渡，也就是意识向这个实存新领域，也即间隔、“在二者之间”、“之间”（Zwischen）的过渡。布伯强有力地证明了灵魂与自身的无声对话与同他者的真实对话之间的根本区别。（204—205）但是，“之间”最终不是在意识中显现其结构的吗？交互性和“拥抱”实际上正是所有意识状态的**对话化**（*dialoguisation*）——意识进入“之间”领域的入口。（281）不过，布伯并不拒绝这样说：“所有对话的本真性都来自对‘拥抱’之元素的意识。”（281）意识在“拥抱”背后，又重现了。一种存在论认识理论，关乎如何理解跨越了“在二者之间”的“空间”之存在，它必须表明关系如何凭其自身，而非凭其内容项（terme）而区别于认识。[必须表明]如果最终一切确实都是通过知识的术语来表达的，且“我-它”侵蚀着“我-你”（45），那么，这个空间是如何扭曲、转化或逆转这种意识和知识的运动本身的。

这就最后把我们带到了一个问题上，这一问题不仅与布伯的哲学有关：哪一种知识构成了认识理论本身的质料？任何认识论都会面临这一诘问，只要它将真理的起源定位于一种活动或实存，而非理论活动，因为在理论活动中，至少还会呈现或展示关于真理之真理，也即认识论本身。因为哲学本身的理论特性是毋庸置疑的。但这种特性仅仅是教学技艺的结果吗？它难道只是表明哲学家回到洞穴，在那里被迫使用被缚奴隶的语言吗？[①] 如果是这样的话，做哲学就是以特定的方式生活；在布伯的学说中，哲学则意味着，也许比他人更好地，以艺术家、朋友或信徒的身份，与现实进行对话。哲学难道不是一种独立的（à part）姿态吗？**哲学思考**（*philosophari*），本质上难道不是不同于**生活**（*vivere*）吗？我们刚才所描述的认识理论，这种关于真理的真理，难道不是在一种不再是对话的属灵活动中获得的吗？或者，至少是在一种新型的对话中获得的，这种对话中表现出的不是对**关系**（*Relation*）的关切，而是确保"我"之独立性的愿望，即使它处于联系（verbinden）中。哲学也许可以被定义为与对总体性之参与的决裂。正是因此，它才是理论，也就是说，批判。在这里，我们不想强调布伯对接近原初词语"我-它"的理论知识所表现出的冷漠，"我-它"

① 柏格森以句子"我们必须通过语词来表达自己……"来开始他1888年的那部论文（即《论意识材料的直接来源》——译注）时，肯定是这样想的。——原注

被太快地归入与存在的诸视觉关系之中，却从未就其物理数学知识方面的意义进行解释：然而作为批判的开端，理论知识对原初词（Urworte）本身很重要。布伯如此敏锐地谈到了关系以及使之成为可能的间距，但他并没有认真对待“分隔”（séparation）。人不仅是距离和相遇的范畴，还是一个独立的存在者。他在一种主体化的过程中完成了这种孤立，而这一主体化过程不仅仅是“你”字带来的反向冲击。布伯没有谈到那种不同于间距化和关系的运动，通过这种运动，“我”才从自身出发持守自身。人不可能忘记其主体性的化身（avatar）。

（王嘉军　译　　张书圣　校）

3

对话马丁·布伯

这是一次重建的对话：我们从一本出版于 1963 年的书中提取了相关内容，该书由斯图加特的科哈马（Kohlhammer）出版社出版，属于“20 世纪哲学家”丛书。在这本书中，我们以德语发表了关于“马丁·布伯与认识理论”的研究，而布伯也慷慨地对我们的异议[①]作出了回应。我们后来又通过一封信作出了回应。布伯对此则回了几行礼貌的文字。这是些手写的文字，附在他于 1963 年寄给所有祝贺他 85 岁寿辰的人的一份印刷文本底部。这份文本从未被发表过。我们在此重现它，是因其本身的美。

请勿将我们公开自己信件的行为视为自命不凡。此举仅旨在明确我们对布伯提出的根本哲学问题所持的批判态度。显然，我们不会将那几句礼貌性的回应文字视为赞同。尤其是现在，极度的失礼（Discourtoisie）已然发生，不久前中断的对话被永久的沉默（le grand silence）[②]覆盖。

布伯的回应

列维纳斯在假设对我而言，我-你关系于“纯粹

---

① 见上一篇文章第八小节。

② 布伯于 1965 年逝世，也就是给列维纳斯回信两年以后。

灵性的友谊”中达到顶峰时大错特错了。恰恰相反，这个关系在我看来在如下情况才达至其伟大，获得其本真能量：两个人在精神上并没有强烈的亲缘性，而是隶属于不同的甚或对立的精神派系，却以这样的方式面对面，以至于即便在最激烈的争论中，一方也认识、认准、识别、认同、接纳、确认另一方为“那个人”；以至于当他们处在共同的情境中——即便这一情境的共同性乃是将他们对立起来的斗争的共同性——彼此也都设想对方在这一情境下的经历，他度过这种经历的方式，以及他的整个心理过程。这不是友谊！这是人类作为受造者被圆满实现的伙伴关系。这里丝毫没有列维纳斯所认为的那种以太，这里有的是人类的坚硬土壤：**非-共同**（*non-commun*）之中的**共同**（*commun*）。

列维纳斯高扬“对他人的关切”（sollicitude pour Autrui / Fürsorge），作为通向他者之他异性的路径，并以此对我提出异议。在我看来，经验则教会我们：那些不借由关切也能通往他者之他异性的人，在关切中也能重新找到它；而那些缺乏这种通达能力的人，即使终日为赤身者裹衣、为饥肠者果腹，也难以说出真正的“你”。只有当所有人都丰衣足食，真正的伦理问题才会显现出来。[1]

我 1963 年 3 月 11 日的回信

极受爱戴的布伯先生：

我刚刚收到了那本献给您的精美文集的德文版，我很有幸参与其中。对于整个西方思想界对您的这一新的致敬，我感到欢欣和自豪。

值此良机，我向您致以诚挚的祝贺，也献上我对您的寿辰的祝福。[2]祝您身体健康，并继续您非凡的事业。

在您给异议者的回应中，我发现一页与我有关。您能允许我重新探讨这个问题吗？

我从未认为仅靠让人吃饱穿暖这一机械行为，就能构成我（Je）与你（Tu）之间的相遇这一事实。在这点上，我的看法不论如何都不那么简单化。我认为"说出你"（Du sagen）已然就其事实而言是种给出（le donner），若与这种给出分离开来，那么"说出你"即便发生在陌生人之间，也不过是某

---

① Paul Arthur Schilpp, Maurice S. Friedman （ed.）,« Martin Buber » in « Philosophen des 20 Jahrhunderts », Stuttgart: Kohlhammer Verlag, pp. 619—620. ——原注

② 即指布伯的 85 周岁寿辰。

种“纯粹灵性的”以太般的友谊，也就是说，已然“被弱化”（é-nervée），这种友谊在某些情况下可能会形成。**“说出你”**自此便已然穿透了我的身体（直至那给予的双手），因此它必然预设了我的身体（作为身体本身）、物（作为享乐的对象）和他人的饥饿；**说**（*Sagen*）当被如此肉身化，不仅仅止于那些发音、歌唱或艺术活动的器官；他人作为他人，总是由于贫穷和无依（他人同时也是我的主人）；因而关系（Relation）**本质上**是不对称的。这些便是引导“我的异议”的积极观念。它们保持于良好的比朗传统[①]当中。但我也认为，当拉比约沙南[②]在《塔木德·犹太公会》（*Synhedrin*）中说“guedola leguima”[③]时，他并不只是提倡一种“施粥所”（soupes populaires）的慈善观念。我也认为，**给出**并不等同

---

① 指法国哲学家比朗（Maine de Biran，1766—1824）的哲学传统。

② 拉比约沙南（Rabbi Yochanan ben Zakkai）是犹太教历史上一位非常重要的人物，其活动年限不能确考，一说公元前 30 年至公元 90 年，一说公元 1 年至 80 年。得益于拉比约沙南的教学和领导，犹太教在圣殿被毁后得以继续发展和传播。公元 70 年，罗马军队围攻耶路撒冷并最终摧毁了第二圣殿，拉比约沙南预感到灾难的来临并成功逃脱，于今以色列中部的雅弗尼（Yavneh）建立了一个新学派，与弟子们致力于重建和保存犹太教传统。他们通过编纂和传承口头法律，为犹太教的延续奠定了基础，也制定了一些重要的宗教法规，并且开始编纂《密什那》（*Mishnah*），这成为后来的《塔木德》的一部分。

③ “饮食是伟大之事！”（Grand est le manger）——原注

于**献出自身**（*se donner*），正如hahamim①们所见，当他们说“Bekol Meodeka”②意味着**金钱**，这有时比给出自己的灵魂和生命还多，或至少有所不同。

抱歉如此长篇大论，但出于对您和您的作品的敬仰，我必须写下这些段落。

再次向您表达我深深的敬意和祝福。

布伯的回复

（邮戳日期为1963年4月）

于我而言，又到了表达非同寻常的感激之情的时刻。我有很多事需要感谢。这也给了我再次思考“**感谢**”这个词的契机。其普通意义众所周知，但要给出一种能明确定义它的描述，却不怎么容易。

我们立即发现，它也是那些有多重原初意义的词之一。因此，它在不同语言中唤起了不同的联想。

在德语和英语中，“感谢”这个动词danken和thank，与denken和think有关，意指**念及**（*avoir en pensée*）、记得某人：说“感谢你”（je te remercie /

① 塔木德学者。——原注

② 《申命记》第6章第5节的用语，它这种形式是独此一例的。它的直接含义可译为“尽你的所有”（ton excès）或“你的力量”。——原注

ich danke dir）的人向对话者保证会将他记在心里，更确切地说，会在友爱和愉悦的美好记忆中[①]记住他；值得注意的是，带有其他色彩的记忆，并不会被考虑在内。

在希伯来文中又有所不同。动词形式 hodoth 首先意指**与某人结盟**，然后才指**感谢**。感谢某人意味着与之结盟。自此以后，他将成为被感谢者的盟友。这当然包含了记忆的观念，但指意更深。［因为］此事并不只在心灵内部发生，而且还由此扩展到了世界，成为其中的行为和事件。而如此与某人结盟，便意味着在其存在中肯定他。

我决意对所有祝贺我 85 岁寿辰的人都心怀感激的记忆，并与他们结盟。

耶路撒冷，1963 年 2 月

手写的几行补充道：

“我尤其感谢您在信中的解释。马丁 · 布伯”[②]

（张书圣　译　　王嘉军　校）

---

① 德语为“In einem freudigen und freundlichen Gedächtnis”，［这有一个］无法用法语翻译出来的文字游戏。——原注（freudig 意为“愉快的”，freundlich 意为“友好的，令人愉快的”，两个形容词发音相似，语义相近，且将“愉快”和“友爱”联系了起来。——译注）

② 文中用的是法语。——原注

4

保罗·策兰

从存在到他者

献给保罗·利科

...alles ist weniger, als es ist,

alles ist mehr.

一切都更少，相较于其所是，

一切都更多。

——保罗·策兰

朝向他者

“我看不出一次握手和一首诗歌之间有什么区别”，保罗·策兰在给汉斯·本德[①]的信中写道。于是，诗歌，这种完善的语言，被降至一个感叹词的层次，被降至一种不太清晰的表达的层次，如同一次眨眼或向邻人的一个示意（signe）！这究竟是何种示意呢？生命的信号？善意的象征？抑或某种默契的体现？还是说这是毫无意义的示意，抑或毫无

① 汉斯·本德（Hans Bender，1907—1991），德国心理学家和超心理学家，被认为是20世纪超心理学领域的重要人物之一。他于1950年在弗莱堡创立了心理学和心理卫生学边缘学科研究所（LGPP），主要研究心灵感应、透视甚至闹鬼等超自然体验。他的工作虽然引起了广泛关注，但也因缺乏科学严谨性和实验结果可重复性而受到批评。

缘由的默契：无所说的诉说（dire sans dit）。或者，这是以自身为所指的示意：主体示意这一符号给予行为，乃至于完全成了符号本身。这种基本的、无所揭示的交流，［犹如］咿呀学语的幼年，磕磕绊绊地嵌入著名的“言说之语”（langue qui parle）中，著名的“语言在言说”（die Sprache spricht）之中，乞丐般地进入“存在的住所”。

正是保罗·策兰——尽管海德格尔曾在策兰某次逗留德国期间赞美过他[①]——告诉我们，他对某种将世界建立于存在之中的、如同前苏格拉底派［所描述］的**自然**（*physis*）之光那般意味深长的语言，知之甚少；因为策兰将语言比作山中一条“如此美妙的道路”，“在那里，左侧盛开着野生的头巾百合，难得一见的茂盛，右侧则竖立着匍匐风铃草”，在那里，“瞿麦和灿烂的石竹立在不远处……这语言不是为你也不是为我——于是，我询问，那么这语言到底是为谁所构想出来的？地球，我说，既不是为你，也不是为我构想出来的——这是一种永恒的语言，没有我（Je），也没有你（Toi），只有他（Lui），只有这（Ça），你明白吗，只有她（Elle），

① 据我收到的一份无可置疑的证词所言，每次［策兰］的德国之行都“深远地改变了他［海德格尔］”。——原注

仅此而已”[1]。这是一种中性的语言。

因此对策兰而言，诗正好处于这个前句法和前逻辑的（这在今天确实多么的紧要！）但也前揭示（pré-dévoilant）的层次：在纯粹触摸、纯粹接触的时刻，在抓住和紧握的时刻，这也许是一种直至将给予的手也给予出去的给予方式。这是旨在亲近的亲近之语，比那承载和支撑“存在之真理”的语言更古老，这是最初的语言，是先于问题的回应，是对邻人的责任，是通过其“为他者”，使所有的给予奇迹成为可能的语言。

诗歌“径直走向它所设想的能够被连接、被解救、被释放、或许是空虚的他者……”围绕《子午线》的这个命题[2]，策兰构建了一个文本，在其中传达了他从自己的诗性活动中所领会的东西。这是个简练的文本，有所暗示，不停地中断，通过这些中断发出他的另一种声音，仿佛两种或多种话语重叠在一起，且形成了一种奇异的连贯性，这并非对话的连贯性，而是按照一种对位法编织而成的连贯性，这种对位法构造了他的诗歌结构，尽管诸话语间有种即时的旋律统一性。但《子午线》中那些震撼人心的用语需要解读。

---

① Paul Celan, *Strette, Poèmes suivis du Méridien et d'Entretien dans la Montagne*, Paris: Mercure de France, 1971, pp. 172–173. ——原注

② 同前，第 191 页。——原注

诗歌走向他者，它希望与被释放的、虚位以待的他者重聚。诗人对语词的珍贵材料精心雕琢[①]，这种孤独的创作乃是“撵出”一场“面对面”的行为。诗歌“变成了对话，常常是狂乱的对话”[②]，“[……]相遇，一种声音通向一个警觉的‘你’的道路”[③]——这是些布伯的范畴！这些范畴是否优于那些从神秘的“**黑森林**”（*Schwarzwald*）威权地降临于荷尔德林[④]、特拉克尔[⑤]和里尔克[⑥]身上的

---

① 策兰给汉斯·本德写道：“双手的事务”。——原注

② 同前，第192页。——原注

③ 同前，第195页。——原注

④ 荷尔德林（Friedrich Hölderlin，1770—1843），德国著名诗人和哲学家，德国浪漫主义和古典主义的代表人物之一。其作品充满了对自然、神话和古希腊文化的深刻感悟，同时也体现了对人类精神状态的思考，其独特的风格和深邃的思想影响了后来的许多作家和哲学家，包括策兰、海德格尔等人。

⑤ 格奥尔格·特拉克尔（Georg Trakl，1887—1914），奥地利诗人，奥地利表现主义运动的代表人物之一，以其充满忧郁和象征意义的诗歌著称。他的诗歌以极具音乐性和象征性的语言，借助色彩、声音和自然景象来表达复杂的情感和精神状态，描绘了一种黑暗、内省的世界，充满孤独、痛苦和死亡的意象，反映了他内心的挣扎和对人类处境的悲观认识，在20世纪初的德语文学中占据重要位置。

⑥ 莱纳·玛利亚·里尔克（Rainer Maria Rilke，1875—1926），德语文学中最重要的诗人之一，也是20世纪最有影响力的文学人物之一。里尔克的作品以其深邃的灵性和情感表达著称，通过语言将个人体验与普遍的人类感受结合起来，精致而充满象征意义，经常探讨存在、孤独、艺术和死亡等永恒主题。

如此才华横溢的注解（这些注解展示了诗如何开启世界，开启天地之间的场所）？是否也优于结构在“客观性”（Objectivité）的星际空间中的装载呢？在巴黎，诗人们对这装载的好运或不幸略感犹豫，而他们自身却完全隶属于这些结构的客观性。在种种先锋诗学中，诗人并没有个人命运。毫无疑问，布伯优于他们。个人性将成为诗歌之诗（poésie du poème）：“[……]诗歌在言说！言说它自己的日期……言说它切身的独特环境。”[①]个人性：从自我到他者。但保罗·策兰扣人心弦的沉思——他大胆地从瓦尔特·本雅明论卡夫卡的文本中引述马勒伯朗士[②]，从舍斯托夫[③]的文本中引述帕斯卡尔——不屈从于任何规范。我们需要更近地聆听：那首曾经言说“我”的诗歌，如今言说着“关于他者之事；一个全然的他者；它已然在与‘他者’对话，与一

① 同前，第 190 页。——原注

② 尼古拉·马勒伯朗士（Nicolas de Malebranche，1638—1715），法国神学家和哲学家，法兰西科学院院士，17 世纪笛卡尔学派的代表人物。

③ 列昂·舍斯托夫（Léon Chestov，1866—1938），俄罗斯哲学家和文学评论家，生于今乌克兰基辅，逝于巴黎，以存在主义思想和对理性主义的批判闻名于世。他的哲学受尼采和陀思妥耶夫斯基的影响，探讨了生命的荒谬、不确定性以及人类面临的极端情况，自 1933 年起影响了加缪，尤其是后者的《西西弗斯神话》一书。

个甚至可能在临近的他者”，这个他者可能“非常切近，诗径直走向这个他者”[①]，此刻，已然“我们远远在外面了”，已然“在乌托邦的光亮中”[②]。“诗走在我们前面，超过我们的步伐。”[③]

超越性

如上描述的运动，从有地（lieu）走向了无有之地（non-lieu），从此处走向了乌托邦。策兰的这篇关于诗歌的随笔，明显有着一种思考超越性的企

① 同前，第 190—191 页。——原注
② 同前，第 193 页。——原注
③ 同前，第 187 页。——原注

图。[1]“诗——将纯粹的必死性与无生命的字母，转化为无限。”[2]悖论不仅在于一个无生命字母的无限冒险；还在于生发超越性观念本身的二律背反——超越性观念跃过了存在中敞开的深渊，而跳跃者的

① 通过诗来思考超越性——这是严肃的吗？然而，这正是精神或现代理性主义的独有特征：除了通过上升至形式而对事实的数学化之外，还有借助降格至感性，对可理解之物的康德意义上的图式化。形式的和纯粹理性的观念，经由具体和不纯粹理性之物的检验，会以新的方式回响（或推断），并获得新的意义。将知性的范畴列于时间之中，诚然是限制了理性的权利，但也在数理逻辑底层发现了一种物理学：实体的抽象理念成为质量持久性的原则，而共通性（communauté）的空洞理念则成为相互作用的原则。——在黑格尔那里，辩证法的诸多形象不是通过在人类历史中的形构（figurer），从而活力充沛地描绘自身吗？——胡塞尔的现象学不是一种在感性主体性不受质疑的视域中，对现实进行图式化的方式吗？正如形式逻辑需要根植于主体性的具体性，感知的和历史的世界则在其客观性中被指责为抽象甚至形式主义，并成为引向探寻意义视域的一条线索，在这一视域中，真正的意义将得以显露。通过阅读对胡塞尔和海德格尔都了然于胸的瓦勒亨斯（Alphonse de Waelhens，1911—1981）那本关于精神病的极为有趣与美妙的最新作品（*La psychose*，Louvain / Paris，Nauwelaerts，1971），我们感到弗洛伊德主义只是将现象学那依然逻辑的或纯粹的感性——在其图像、对立、汇聚和反复中——恢复为一种终极感性（sensibilité ultime），在其中，性别差异尤其决定了图式化的诸多可能性，若没有这种图式化，感性意义就将依旧如同《纯粹理性批判》问世前的、那些在时间序列之外的因果观念一样抽象。因此，在数学家的组合运算和形而上学家的纯粹概念游戏中，盘绕着一整场戏剧。纯粹理性的批判仍在继续！——原注

② 同前，第195页。——原注

同一性本身又否认这种跳跃。为了反-自然甚而反-存在地超越，难道不需要死亡吗？或者同时既跳跃又不跳跃？除非诗歌允许自我分离于自身，用策兰的话说：发现“一个地方，在那里，个人在将自己作为自己的陌生人的把握中，自我脱离”[①]。除非迈向他者的诗，“转过去，面向他”时，拖延它的出神（extase），在间隔中“强化自身”（s'aggraver），用策兰的话说，尽管十分含糊，“坚持于自身的边界”。除非诗歌为了持续而钝化了它的锐利，用策兰的话说，“取消自身［……］不断延迟，以便从它的‘已然不再’（Déjà plus）持续到它的‘始终还有’（Toujours encore）”。但对于这个“始终还有”，诗人并不在朝向他者的过渡中保有他创作者的傲慢主权。用策兰的话说，诗人“从其实存的倾斜角度中”言说，“从被创作物陈述自身的倾斜角度［言说］，［……］这一勾勒它（诗）的诗人，揭示自身对它的奉献”[②]。独异的“自我”（Moi）之去实体化！使自己完全成为符号，也许就是这样。[③]

---

① 同前，第 188 页。——原注

② 同前，第 191 页。——原注

③ 西蒙娜·薇依（Simone Weil，1909—1943）会说：天父啊，从我这儿剥离这副躯体和这颗灵魂，使它们成为属于你的东西，并且，唯独让这剥离（arrachement）本身，永久地存于我之中。——原注

创作者的自命不凡已偃旗息鼓！“希望人们别再用创作（poiein）[①] 和其他空话来烦我们”，策兰还给汉斯·本德写道。向他人示意的符号、握手、无所说的诉说——因它们的倾斜、问询，而非它们的信息而重要；因它们的专注（attention）而重要！这便是马勒伯朗士所说的“专注，如同灵魂的纯粹祈祷”，瓦尔特·本雅明在引用它时，携带着如此之多出人意料的回响：极致的接受性，但又是极致的给予；关注是毫不分心的意识模态，也就是说，它没有借由黑暗的地道逃离的能力；它是一种充盈的光亮，它被投射出来不是为了看见理念，而是为了阻止逃避；失眠是意识的首要意义，是在形式、图像、事物的一切显现之前的责任的纯正（rectitude de responsabilité）。

作为这一诗性诉说的所说，事物当然会显现；但却是在这将它们带往他者的运动中，作为这个运动的诸形象而显现的。“所有事物，所有存在，因其通往他者，对于诗歌而言，将是这一他者的形象[……]它能够集结在呼唤它并给它命名的我周围。”这一“为他者”的离心运动将是存在的活动中轴吗？抑或是它的断裂？它的意义？向他者言说的事

---

① 即古希腊语动词形式 ποιεῖν，译为“创作、制作”，是名词“诗歌”（英语 poetry、法语 poésie）的词源。

实——诗歌——先于所有的论题化；正是在这一事实中，诸性质才聚集于诸事物；但这样，诗歌便将他异性留给了实在，而纯粹的想象则将他异性从中剥离了，诗“把它的一小片真理让给了他者；他者的时间”[①]。

出离到其他人那里，这是种出离吗？“迈向人之外——却步入一个导向人类的领域——的离心一步。”[②]仿佛人类是个在其逻辑空间、其广延的内部允许绝对断裂的种属，仿佛我们走向他人，便超越人类而迈向了乌托邦，而且仿佛乌托邦不是梦境和一种被诅咒的流浪的命运，而是人显露其中的“林中空地”：“……乌托邦的光亮……人呢？创作物呢？……在如此的光亮中。”[③]

在乌托邦的光亮中……

这不寻常的外部（dehors）并非另一种风景。在

① 同前，第192页。——原注

② 同前，第185页。——原注

③ 同前，第193—194页。——原注

艺术的单纯陌异性和存在者向存在的敞开[1]之外，诗歌又更进一步；陌异者，就是陌生人或邻人。没有什么比他人更陌异更陌生的了，正是在乌托邦的光亮中，人才得以显现。外在于所有的扎根和所有的定居；作为本真性的无国籍状态（apatridie）！

但这场冒险，在其中，自我在无有之地中献身于他者，其惊人之处在于回返。［这回返］并非始于被呼唤者的回应，而是来自诗在其没有终点的终极性（finalité sans fin）中所描绘的那一不回返的运动之环状（circularité），那条完美轨迹之环状，那条子午线之环状（circularité）。仿佛在走向他者的过程中，我找回了自我，并定居在一片自此是故乡的土地上，且卸下我同一性的所有重负。这是片与扎根、与初始的占据无关的故土（terre natale[2]）；与出生无关的故土。故土抑或应许之地？当它的居住者遗忘了使他们与这片土地相熟的环形旅程，忘了他们那不是为了更换环境，而是去异教化（dé-paganisation）的漂泊，它会唾弃他们吗？但借由朝向他者的运动获得正当性的居住，本质上是犹太性的。

---

① “Doch Kunst ist Erfahrung des Seins des Seienden”（然而艺术是存在者之存在的体验），见于 Heidegger, *Einführung in die Metaphysik*（《形而上学导论》）, Tübingen: Max Niemeyer Verlag, 1953, S.101。——原注

② 字面意思是“出生的土地”。

策兰并不将犹太教视为一种风景如画的地方主义或一种家族性的民俗传统。显然，希特勒治下的以色列苦难（Passion d'Israël）（即《密接合应及其他诗》里二十页的哀歌之哀歌《密接合应》的主题，它被让·戴夫[①]令人惊叹地翻译）在诗人眼中对全人类都有其意义，其中犹太教是一种极端的可能性（或不可能性），是存在的传令官、信使和牧羊人之天真的断裂。这是世界的开裂，它并不提供逗留之所，而是，为了度过暗夜，提供了一些石头，漂泊者的棍子敲击其上，回响出矿物般的言语。这是存在之榻上的失眠，蜷缩自身以自我忘却的不可能性。这是外于**世界之尘世性**（*mondanité du monde*）的驱逐，出借自身所拥有的一切之人的赤裸；对自然的无感，"因为你知道的，犹太人有什么是真正归属于他的呢？有什么不是被借贷、出借而从不被归还的呢"？我们在此重新来到那座山里，在头巾百合和匍匐风铃草之间。两个犹太人站在那儿，或者，一个犹太

---

① 让·戴夫（Jean Daive，1941—），法国诗人、作家和编辑，其作品常常融合了诗歌、散文和哲学思考，展现他对语言、时间和存在的深刻反思。他翻译出版了策兰诗选集《密接合应及其他诗》，见 *Strette & autres poèmes*, Paris: Mercure de France, 1970。"密接合应"（法文词 Strette，德文 Engführung）通常指音乐中赋格的主题再现技巧，即每个声部进入的时候并不等待前一个声部完全结束，从而出现同一个主题在多个声部上，以一定的时间和音高差距叠置的现象，好像主题被自身从中间切入。

人悲伤地独自成双。[1]“但这对远房表兄弟，他们没有……眼睛。”或者“更”准确地说，一层面纱在他们眼前，遮盖了所有图像的显现，“因为犹太人与大自然，从来都是两回事，即便是今天，即便是此处……可怜的头巾百合，可怜的风铃草！……可怜的你们，你们不挺立，你们也不开花，而七月不是七月”。那这些气势磅礴的山呢？黑格尔曾带着屈服和自由说道“就是这样”的那些山怎么样了？策兰写道：“……大地在高处折皱起来，折了一次两次三次，便在中间张了开来，而在中间那里有水，水是绿的,绿而且白,白来自更高处,来自冰川……”[2]

在这大地之折皱（它被称作山岳）的沉默和无意义之上与之外，为了打断敲击石头的棍子的噪声以及悬岩对这噪声的回响，需要一种（与**此处所用的语言**相对的）真正的言语。

对于策兰来说也是如此——然而，是在一个马拉美无法猜想的世界中——诗歌是最为卓越的精神行为。一种同时不可避免又不可能的行为，源于一

---

① 保罗·策兰于1959年8月在错失与阿多诺（Theodor W. Adorno，1903—1969）约定的会面后，写了这篇神秘的散文《山中对话》（*Gespräch im Gebirg*），似乎是假想了与他的对话。

② 《山中对话》，见*Strette, Poèmes suivis du Méridien et d'Entretien dans la montagne*, 同前，pp.172-173。——原注

种并不存在的绝对诗歌（*poème absolu*）。绝对诗歌并不言说存在的意义，它并不是荷尔德林所说的"人类诗意地栖居于这片大地之上"（dichterisch wohnet der Mensch auf dieser Erde）的一种变奏。它言说所有维度的弃离（défection），迈向乌托邦，"在那条通往不可能的不可能之途中"[1]。多于存在，也少于存在。"绝对诗歌——当然不，它不存在，它不能存在。"[2]策兰在这里是否可能在暗示不可实现之物的理想性？这么轻率而空洞的说法，是很难被归于他之口的。他不是更在主张一种不受限于存在与非存在的模态吗？他不是在暗示诗本身作为一种**别于存在**（*autrement qu'être*）的闻所未闻的模态吗？子午线——"如同言语，不具物质形态，但隶属于大地"[3]。"这种不可规避的问询，这种闻所未闻的自负……出自最不自负之诗歌。"[4]不可规避之物：美的游戏性秩序、观念游戏和**世界游戏**的中断；他者的问询，对他者的找寻。这找寻把诗歌献身给他者：一首歌升起于给予之中，升起于一者-为-他者（l'un-pour-l'autre）之中，升起于意义的意示（signifiance）本身之中。这一意义比本体论和对存

---

① 《子午线》，第 197 页。——原注
② 同前，第 193 页。——原注
③ 同前，第 197 页。——原注
④ 同前，第 193 页。——原注

在之思更古老，比知识和欲望、哲学和力比多所假定的事物都要古老。

（张书圣 译　　王嘉军 校）

5

查娜·德洛姆

佩涅洛佩[①]或模态思维

---

① 佩涅洛佩是古希腊神话中的重要人物，英雄奥德修斯之妻，其事迹体现在荷马史诗《奥德赛》中。在奥德修斯外出征战期间，众多求婚者试图通过联姻来夺取伊萨卡王位，佩涅洛佩坚守十年而未嫁。她采用了一个聪明的策略来拖延这些求婚者：她承诺在为公公拉厄耳忒斯织完寿衣后再作决定，但每晚她都会偷偷拆除白天织好的部分，从而无休止地推迟织布的完成。

无论真正的知识是观念对感性层面或超感性层面的真实之符合，还是更根本地，是存在的显现，并将自己转化成为思，乃至成为人，以及人的历史、文化或技术，哲学的使命总被视为与存在相连。但这一使命，尽管宣告了从短见薄识和教条主义[①]中解放，不是也最终僵化成了一种命运吗？以对存在的效忠为代价而被救赎，这不就又变到了教条主义和奴役状态吗？对因循守旧（conformisme）和明见性的信念，因为臣服于历史与存在而背弃了哲学自由。由是，哲学或许只可能成为一种没有信念的闪电或暴风雨，或是一种语言的总是出其不意的模态，在分隔日常的间隔中，拆解各种本体论的编织物。

即便一种**超逾存在**（*au-delà de l'être*）的附属物可以脱离历史的诸链条而显现，即便这一**超逾**（*au-delà*）不会像神学家们的超自然那样，疾速凝结成存在，上述问题仍然存在。如果说存在的现实在认知中等同于自身，并能够毫无问题地摆脱其沉重的本质，那么在揭示和调整存在的文明的沉重性中，在那古老或持久的逃离之梦（rêve de l'évasion）中，在那尽管已被反复使用但仍能找到新论调的悲观主义中——都将不再有什么是率真的（franc）。而这

① dogmatisme，该词在哲学史上也常被翻译为“独断论”“独断主义”。

种悲观主义正是存在主义中最真诚的部分，即便存在主义如今已经不再流行。

于查娜·德洛姆[①]而言，思想对存在的契合（甚至在柏格森式直觉中，与尚未成形的现实的偶合）仅仅是各种体系的浅层表现（lettre des systèmes）。在这些体系中，精神从未重新把握自身。哲学，以其精神和真理之名（en esprit et en vérité），从浅层表现，从因循守旧的契合中挣脱出来，使那些巨大的存在分裂成一种意义的多样性，而智性（intelligence）便在这种多样性中运作。“没有什么需要信奉。”哲学乃自由，与人生、道德、科学、艺术和历史截然对立。这种自由是骄傲的，但又是悲痛的，因为它意味着看破一切（revenir de tout）。但这种看破一切并不是一种心境的波动，而恰恰是智性思维的艰苦劳作。[这是种]逃离的行为，例外的行为，因为矛盾的是，在此，完成（accomplissement）并不通达存在，而是**实现可能，如果可以如是表述的话**；它所通达的完全不是胚芽般未现实化的潜能，也不是抽象的理念，而是某种焕

① 查娜·德洛姆（Jeanne Delhomme，1911—1983），法国存在主义哲学家。大学期间经常参与基督教哲学家加布里埃尔·马塞尔的巴黎学术圈活动，很有宗教热情，但之后在萨特作品的影响下，转向了一种无神论的存在主义。著有《思想与实际：本体论批判》（*La pensée et le réel: Critique de l'ontologie*, Paris: PUF, 1967）。

发于意义当中的意义的多样性，这种多样性始终都是丰饶肥沃的。这既不是抽象思维的否定性，也不是想象的否定性，二者都不足以否定至如此这般的极端。至于意识的意向性，它找到或构想其客体，可能恰是教条主义本身：即便是一个尚在意向性中成形的客体，意向性也被其所支撑，仿佛这个客体已然彻底成形了。这种意识行为被其遭遇或构建对象所承载［的状况］（这或许就是历史的原初事实），［表明］意向性正是那种将可能之物从属于存在，从而将之作为可能之物而牺牲掉的思维模态。存在之思（pensée de l'être）变成了思之存在（être de la pensée[①]）。意向性的属格关系被倒转了过来。尽管意向对象具有理想性，历史连续性仍得以重新连接。意识的任何态度（attitude）都倒转成了对态度的意识，这种意识又进入存在之中，编织“故事”（des histoires），制造历史（Histoire）。

故而，追求一种类似于胡塞尔现象学还原的**悬置**，在意识中将是不可能的！意识和存在的对立关系（polarité），难道不是解释了历史在西方哲学中的作用，解释了通过对存在的理解而对人的定义，

---

① 在本文中，“思”和“思维”所对应的法文都是 pensée，当侧重一种思考能力时，我们译作后者，当侧重统称一种观念时，我们译作前者。但常常两种译法也可互换。

以及本体论问题的终极性（ultimité）吗？至少在哲学中，当它被认为是根据其来源和其所施加的影响而被构建或陈述时，它就展现出了一幅由有效的、连续的和历史的理性编织而成的连贯性挂毯。

作为一种智性和天资的行为，哲学在不同于意识的另一种元素中展开，或者依据一种不同于意向性[①]的模态运行。这一元素就是语言。**以绵延的术语**（*en termes de*）进行表达的某种诉说（un dire），我们会将之视作一种有关绵延的话语（discours）；**以**否定性的**术语**进行表达的某种诉说，则会被视为一种有关否定性的话语。在语言中，思**以相关的术语**（*en termes de...*）思考自身，而不是术语在其中被思考；术语因此更多地是范畴而非观念。思在诉说中的**方式**，就是模态，是思的特有事件，而不仅仅

① 在我们看来，“意向性”这一术语非常有助于理解德洛姆女士的观点，但这一术语在她的书中很少出现。奇特的是，这部作品中的分析——如此简洁、微妙且严密，凭借她对细节的熟稔和给年轻一代授业解惑的经历而掠过文本——却从未成为“意向性分析”。胡塞尔和海德格尔现象学的描述性方法似乎被回避了。在其书中发声的现象学是辩证的、黑格尔式和柏拉图式的。《巴门尼德篇》和《智者篇》在每一页中都有所呈现。论述通过一系列长句展开，句中通过分号和冒号来调整。每一个句子都构成了一个理念的完整演绎。一种不以辞害意的形式之严谨性，反而使得一种罕见的直白坦陈，在突然出现时，更加震撼人心。——原注

是存在的一种不变位置（invariable position）所具有的属性之一。模态思维（pensée modale）——这种智性与理性相对立，后者只提出和表述存在的完美连贯性——就是哲学。否定的模态——但从未彻底否定到足以与存在相脱离、足以不与之“有历史纠葛”（avoir des histoires）的否定性——作为哲学，乃是柏拉图、亚里士多德、笛卡尔、斯宾诺莎、康德、黑格尔、柏格森之思。哲学同样是他们的思，我们作为传人反思其模态，他们的思在我们之中自我更新，仿佛从未有过历史。“只有当你们全都背弃我时，我才会回到你们当中。”查拉图斯特拉如是说。显然，于德洛姆女士而言，尼采同属于我们刚列举的社会精英（haute société）之列。

但哲学对历史的突然闯入（irruption[①]），产生于哲学与哲学家的关系中。这种关系被查娜·德洛姆以观念的而非意识的术语进行思考。哲学家不是哲学的个人化——这种哲学作为意识，产生于思考世界和自身的思之时间中。一旦意识将自身置于一个本源的地位，历史、连续性与本体论便会重新归来。相较于“有关某事物的意识”中的“的”（其属格关系变为成因），德洛姆更青睐“有关某事物的观念”

① 在1967年发表于*Critique*的原始版本中，使用的不是irruption，而是interruption（中断）一词。

中的“的”，但这个“的”并非意指一种客观性秩序的关系，因为模态思维恰恰要质疑客观的优先性。哲学家，作为理念的理念，乃是哲学的特殊化，它使哲学脱离了理念的历史（当然，通过抽离其特殊性，我们总能将哲学嵌入理念史当中）。哲学对于哲学家的不断回归之路，就是理念历史的非连续本身，就是摆脱诸论题之可能性的（永远不够否定的）否定性。仅仅作为一个“我”（moi）并不足以中断历史！

这是与柏格森主义决裂，又奇妙地与所有当代反主体主义和一整个自我的超-现象学（épi-phénoménologie du moi）相融合的极端柏格森主义，在这种自我的超-现象学中，自我的独一性同智性和语言密不可分。然而，在特殊性与心理特征（psychisme）的这种区分中，有了以新的术语提出自我问题的可能性，只说自我是心理行为的源头或中心是不够的。最后，在哲学的这一特殊化中，有着对哲学多样性问题的回应——尤其当我们知道对所有哲学的综合只不过是产生了一种新的哲学而已。多样性的“丑闻”对于哲学（作为模态思维、作为唯一摆脱历史的办法）而言，似乎是必要的。故而哲学应该并未终结。哲学是卓越的精神活动，因为它在一侧，而其他一切都在另一侧，它甚至无法在文化中找到一席之地。

由此有了自发性（spontanéité）的理念，它了无踪迹，无所归途，也没有什么能使它变得沉重。向前迈进而无须回到来时路，无须回归，无所计较地付出，也无须计较，不受困于所有使实存整然有序的沉重事物——这是生机勃勃的无意识（inconscience），还是在意识之外，**存在之超逾**（*l'au-delà de l'être*）的极致智性？澄明（lucidité）难道不是实现于一种惊奇（这惊奇不再能自我反思，并由此超出了对奠基的忧虑）吗？哲学可能就是这种自发性，“……一种绝对事件，不在任何序列中占有位置或席次，一种断裂而非赓续，一个没有过去也没有未来的瞬间；它没有参照、没有先例地确立和提出自身，不进入任何过程，不构成任何发展性和增长性的变化中的时刻，哪怕是居于优先性的时刻，因为它是一个前所未有的概念和一种焕然一新的语言……没有物质性的历史，了无踪迹的连续，这便是诸哲学的历史；没有表象的显现，没有现实预设的降临，没有过去的现在，这便是一种哲学”[①]。

哲学，作为模态思维，如此根本地区别于存在，以至于甚至不能通过思考存在的可能性条件而回到存在。诚然，诸如存在本身可能是一个“从无中提

① Jeanne Delhomme, *La pensée et le réel. Critique de l'ontologie*, Paris: PUF, 1967, pp.54–55. ——原注

取的概念”或者“语言不被现实承载，而是承载现实”等表述，出现在一本摆脱先验（transcendantale）哲学（而这必然是其创新之一）的书中令人惊讶。但其总体论述力求摆脱存在的诸条件，一如摆脱存在本身。对先验之可能的间接依赖，如同教条主义一样压抑着它。存在和历史，白日的秩序——所有它们的胜利都被置于一旁；与它们相对立的只有一种中断的否定性，一种比白日更加清晰的夜晚的否定性，一种智性的超-常（extra-vagance）所具有的否定性，这种超常是柏拉图在《斐多篇》中讨论谵妄（délire）时可能想到的。又或者，这个一切在其中皆有可能，“一切都被思想所准许，而没有什么真实”[①]的间隙，便是伊壁鸠鲁的诸神所处的中间世界(inter-monde)。这是种人造的永恒，令人想到在马尔罗（《思想与实际》的作者曾为他写过一本书[②]）的《人的境遇》中，总与对抗实际（Réel）的革命（Révolution）相平行的永恒。这里的“麻醉剂”是智性本身，逃离朝向的是存在之外的意义，绝对则以不同于存在的术语而被思考。而对于这种出离，我们无法以思维自身的诸先验条件之有限性来对其进行反驳，即便

---

① 同前，第 148 页。

② 指查娜·德洛姆的《时间与命运：论马尔罗》（*Temps et destin. Essai sur André Malraux*, Paris: Gallimard, 1955）一书。

思维在与这些条件脱离。变成语言的思维，其否定性从未足够彻底，它冲破了其有限性的围篱。

诚然，在此，这个“从未足够”是含糊的，既可以意指冲破，也可以意指中断的不可能性。这让我们想到了布朗肖的作品，在其中，否定性的无限乃是**有**（*il y a*）在所有消隐之中的不断回返，而诗性语言，作为语言的本质，只不过是这一回返的喧嚣。智性所关心的，尤其为了从中引出存在的“无”，不是已然指涉存在了吗？我们是否可以在诗性语言与哲学家的特权性语言之间作出区分呢？以什么标准？如果模态思维能够摆脱包裹着它，并且还能讲述思维诸断裂本身的命题性语言（langage thétique），那么，它能让**有**的窸窣保持静默吗？此外，在《思想与实际》中，哲学家的语言与一般语言的区分完全未被提及，仿佛言语的秘密并非开始于“请给我面包”“您先请，先生！”“请给我50欧分的冰激凌——天气真好啊！”一样。

模态思维的概念，于认知层面粗略显现出表达及其对象的离异，这种离异在美的层面被称为纯诗或者纯绘画——这归根结底是对音乐性的追求，认知在其中回到智性的一种震颤，回到它的音调变化的无限否定性，智性在这种音调变化中变成了被称作模态的副词。这一概念将我们导向一种或可称作非具象哲学（philosophie non figurative）的东西。

但模态思维并不仅仅表现了西方言说的某种极致的考究，它大胆地不再从事物和对象的角度进行思考。从黑格尔到柏格森，现代哲学以生成和绵延代替了实体，以不同形式倾向于所思（pensé）的去对象化和去物化（déréification），这或许要求一种去本体论化（désontologisation），正如柏拉图的《巴门尼德篇》曾隐约瞥见的那样。对舍勒和海德格尔而言，胡塞尔的现象学在意向性这个观念中许诺了这种去对象化和去物化。诚然，在胡塞尔那里，对象化信念蛰伏于意向的诸实践模态和价值论模态之下。但对价值的情绪性获得，以及对存在者之存在的非智性理解，能消除关于对象化的构型（dessin）吗？无论这一构型多么形式化。存在回到意向性那不会磨损的纬纱中，历史已然在其中编织。思不作为**论题**而作为**方式**显露自身，它当然不主宰历史，而是中断了历史。这是逃离的自由！但真正的旅行者，真的是那些如波德莱尔所说的，为了离开而离开的人吗？

出离存在，摆脱那严肃而理智的主动与被动之间的均衡；放弃自由，既不过分，也无不足，从而担负有限的责任；拒绝历史严格的清算，以获得一种无偿的中间态（entre-temps de gratuité）——这难道不是一种根本上的玄秘之模棱两可或迷雾重重吗？这一玄谜赋予了查娜·德洛姆的方案超出其自身选择的意义。她的思想所处的模态，难道不是介乎——一种逃离的自由、游戏的自由、无责任的自由（欧根·芬克在最近的一本书[①]中视之为世界的条件之一）——与一种在非自由的诸表象（apparences）下牺牲的无偿性，像游戏的无负责任一样非理智的责任，以及受造者的使命之间吗？这种使命的回应超逾了其主动性，也就是说，这种回应是**为了众他者的**，并因此而置身于存在之外（en-dehors）或别处（au-delà）。与**他人**的关系难道不应该以不同于**他者**的否定性之**术语**来表述吗？在这种关系中，历史的束缚和阻塞在一种新的模态中，也即超越本体论的伦理学的模态中回响。作为思之终极形象的历史，并不仅仅意味着思屈从于那些支配思想者而并不现身于他的教条，而是意味着所有历史的断裂，都借由历史叙述反转成断裂的历史（histoire d'une rupture）。一种模态思维的概念，其否定性撕裂了意向性那不会磨损的纬纱，冲击了那可逆转的属格关系——通过这种属格关系，所有存在的超越性（transcendance de l'être）都反转成了这种超越性之存在（être de cette transcendance）。其中，没有任何东西足以绝妙到防止外部性（extériorité）的魅

① Eugen Fink, *Le jeu comme symbole du monde*, Paris: Les Éditions de Minuit, 1966. ——原注

力瓦解，防止它转变成一种魅力的历史（histoire d'un charme）。

也许同我们刚读的这本书中**分条析理**（*thétiquement*）的表达相反，书中还释放出一种存在之超逾的模棱两可的模态：在存在的背后，可以听到无责任（irresponsabilité）所发出的冷笑，对于这种无责任而言，存在中的自由并不够自由；而超逾本质的，将是无限负责（illimitée responsabilité）的善（bonté），对它而言，那种自由则还不够慷慨。

（张书圣　译　　王嘉军　校）

6

雅克·德里达

全然别样

一　明天即今天

德里达的著作是否通过一条分界线切断了西方思想的发展，就像康德主义将独断论哲学与批判哲学分离开来一样？我们是否又一次站在了一种天真的尽头，一种始料未及的独断论的尽头，这一独断论潜伏在我们所认为的批判精神的底部？我们可以向自己追问这些问题。理念，作为从直觉开始而又不能在其中结束的一个序列的完成——所谓“康德意义上的”理念，将在直觉本身之内运作：一种生成形而上学的先验表象，将在不断自我缺失的在场制造假象。这是哲学史上的新断裂？但这也将标志着它的连续性。哲学史可能只是对思考之困难的日益增长的意识。

与此同时，我们正走进一片**无人地带**（*no-man's land*），走进一种甚至连到处闪烁的不确定性都不能确定的“二者之间”。真理的悬置！不合常理的时代！在书写的过程中，每个人都能在一定程度上感觉到这些［时代氛围］，这或许是因为他们突然发现自己使用熟悉的概念时过于谨慎，而新的批判既会质疑轻率的意义，也会质疑审慎的美德。通过阅读这些极其精确但又如此奇特的文本，人们会意识到一种新的思维方式。在颠覆逻各斯中心主义话语的《声音与现象》中，没有一个句子是无关紧要的。这种绝妙的严谨固然习自现象学流派，习自对胡塞尔谨慎的姿态和海德格尔壮阔的运动的极度关注，但它却是以一种连贯的精神和卓越的艺术来实践的：将“极限概念”翻转为**前提**（*préalable*），将缺失翻转为源头，将深渊翻转为条件，将话语翻转为场所，将这些翻转本身再翻转为命运：这些观念被涤除了它们的本体论回响，也从真理和谬误的非此即彼中解脱了出来。一开始，一切都井然有序，在几页或几段之后，在一种令人生畏的质疑的带动下，思想再也不能找到栖身之处。在此，撇开命题的哲学意义不谈，有一种纯粹的文学效果，一种新的震颤和德里达的诗意。阅读它时，我总是回想起1940年的大逃亡。一支撤退的部队到达了一个人们还不知道发生了什么的地方：咖啡馆还开着，女人们还在逛“女士新品”商店，理发师在理发，面包师在烘焙，一些子爵在与其他子爵见面，并互相讲述子爵的逸事，一个小时后，一切都被解构/破坏（déconstruit）了，变得荒芜，紧闭门户或门户大开的房屋空无一人，居民们被车流和人潮卷入街道，这些街道被重归于它们作为路线的“深深往昔”，这是一条条被各种大迁徙在一个不可追忆的过去所标出的路线。在此期间的某几天，发生了一个具有象征性的插曲：在巴黎和阿朗松[1]中间的某个地方，一个半醉的理发师邀请路上一些经过的士兵——那些他用漂浮于动荡或残存于混乱中的爱国语言所称呼的“小伙子们”——来他的店里免费理发。当他同两个同伴一起免费为士兵理发时，就有了今天[2]。本质上的拖延——**延异**（*différance*）[3]的未来——被吸收进了现在。时间随着法国的终结或进入临时状态抵达了终点。［何以如此？］除非说，理发师也

① 阿朗松市是法国西北部的一座城市，诺曼底大区奥恩省的省会，位于巴黎西部约 169 公里处，是奥恩省的经济中心和重要的教育中心。

② 这一笑话暗指的是理发师本来只是作出了一个空口承诺，“免费理发”这事会一直延宕，想不到“这就是今天”，他已经再没有可供回避和拖延的时间。如西恩·汉德所解释：“这一笑话来自于法国习语 demain on rase gratis（按字面的意思就是“明天修面免费”，也就是说，这事永远不会发生，因为明天永远是明天）。”（西恩·汉德：《导读列维纳斯》，王嘉军译，重庆大学出版社，2014 年，第 73 页。）

③ 该书的两个法语版本对于该词写法不一样，1976 年的版本作“différence”，而 1982 年的版本则是“différance”，我们在此处统一翻译为“延异”。

如《斐德罗篇》中的第四种谵妄形式[①]那般谵妄，自柏拉图以来，西方形而上学的话语便维系于这种谵妄中。

二　消磨–时间（Le passe-temps[②]）

作为战败的哲学，作为不可能的在场之缺席的哲学。西方形而上学，也可能我们整个欧洲历史，一直以来都是通过德里达所拆解或解构的概念装置，

---

① 在《斐德罗篇》中，柏拉图讨论了四种类型的谵妄，即狂热或神圣的疯狂。这四种谵妄分别是由不同的神祇引发的灵感状态，具有不同的意义和用途。第四种谵妄形式是由厄洛斯（Eros）引发的，通常被称为“恋爱谵妄”或“爱恋的狂热”。这一类型的谵妄被认为是最崇高的，因为它与对美的感知和对神圣事物的追求密切相关。柏拉图认为，爱恋的狂热能够引导灵魂超越感官世界，进入对真理和善的追求中。这种谵妄使得个体不再仅仅关注于肉体的吸引，而是将这种爱转化为对智慧、美德和真理的追求，从而达到一种精神上的升华。总的来说，《斐德罗篇》中的第四种谵妄形式，是指通过爱恋（特别是对美的爱）而产生的神圣狂热，它能够帮助人类灵魂接近真理和神圣的境界。

② “passe-temps”的意思是消遣、休闲，指的是在空闲的时间进行的活动。它是由 passe（通过、经过、度过）+temps（时间）构成的，结合文中不断提到的这是一种没有期限、不断延宕的时间，我们在这里把它译为“消磨–时间”，但这里的“消磨”显然不能仅仅理解为一种虚度，而应理解为一种不断消逝、消耗、磨损、延迟却无法到达终点的过程。不过，话说回来，列维纳斯用这个词，又何尝没有某种暗示“解构”作为一种“消遣”或“游戏”之意。

创立和保存这种在场的：对根基这一理念本身进行奠基，对所有制造经验的关系进行奠基，也就是说，存在者的显现，以一种建筑物般的形式陈列在支撑它们的基底之上，世界的显现可以自我构造，或者如人们所说，它被一种先验的统觉所构造。这是现在的在场，是聚集和共时性。不容许任何拖延！不容许任何丢失！将一切据为己有！欧洲人民在他们的边境内和房屋围墙后面的安全，对他们的财产（也即转化成“自身所有权”［Eigentum］的“自身特性”［Eigenheit］①）的确信，不是形而上学思想的社会学条件，而正是这种思想的规划（projet）本身。［但］这是一个永远延宕、不可能完成的规划，是作为这一缺席的在场的**弥赛亚式未来**。《声音与现象》揭露了在场的这种由那倾听自身的声音所维持的形而上学拟象（simulacre）：统合于自我意识中的在场和占有。这是拟象或幻觉，但先在于本体性的幻觉和显现，先在于现实和幻影（fantasme）的区分。所有唯物主义都带有它的烙印，就像所有唯心主义也带着它一样。

---

① 此处法语为“propriété”，常指“财产，产权，所有权”，也兼有“特性”之意，其词干“propre”（自己的、特有的）对应于德语的“eigen-”，由其构成的德语词“Eigenheit”意为“特性、特色”，“Eigentum”意为“所有物、产权”。此处翻译为合文意稍有改动，以凸显“自身性”这一内涵。

在场的缺席，导致了真的缺席，导致了无须再回应知识之召唤的那种意义。真理不再是永恒或全时性的真理，但在此便有一种任何历史主义也未曾揣想过的相对性。知识流放或漂移至怀疑主义之外，怀疑主义哪怕自觉无法把握真理，也依旧眷恋着它。这样一来，意义就不再朝向真理而汇聚。真理不再是什么大不了的事！存在无法彻底存在：它破产了的家产需要新的宽限期，在一种不断逃避自身的在场中求助于符号；但在这些符号的所指中所产生的，也只是些符号。胡塞尔提出了无限重复（itération infinie）这一概念，在他看来，"康德意义上的理念"保证了对其的把握，它不断地推迟了所指与在场的同时性。这一在场总是被指示，却无法被把握。这就是所指的磨损。它解放了一个符号系统，一个没有所指的能指系统，一种不指向任何完满意义的语言之系统。于是，延异以播撒的形式说出自身，在场则在这一延异中自我解构；这是一种没有最后期限的延宕，而这就是时间，更准确地说，这就是消磨-时间本身。这是在存在之间隙中的游戏，其中的重力之中心与世界中的并不相同。然而，还有中心吗？还有重力吗？还有"有"吗？如果我们还能够谈论存在的话，一切都会是别样的。

可以肯定的是，在解-构之后，依然在被构建的是解构性话语的严格构架，它在谓语陈述句中使用动词“是”的现在时态。在这一话语中，在真理的基座动摇的核心处，在反对那似乎为在场提供了终极避难所的被经验的现在（présent vécu）之自明性时，德里达仍然有力量说“这确定吗？”，就好像这一刻没有什么是处于安全之中的，就好像安全或不安全还依然重要。

人们可能会以“这是通过诉诸逻各斯中心语言来反对这种语言本身”为论据，来质疑它所产生的解-构。这一路径曾多次被用来批驳怀疑主义，但在这一路径中，怀疑主义虽然首先被击败和践踏，却又重新站起，作为哲学的合法子嗣而回归。也许德里达在自己的论战中，也并未完全摒弃这条路径。

但是，如果依循这一路径，我们就会遇到这样一种风险：忽略这种前后不符（inconséquence）本身的意义。我们就会忽略“所说”和“诉说”之间不可压缩的非共时性，忽略它们之间关联的脱节；这是一个小小的脱节，却足以大到让怀疑主义的话语涌入其中，而不被**所说**和陈述一种**所说**这一事实本身之间的意义矛盾所扼杀。就好像这两种意义缺乏共时性，以至于矛盾不能切断把它们系在一起的结扣（nœud）。就好像**诉说**和**所说**之间的关联，是不可聚合者的一种历时性（diachronie）[①]；就好像**诉说**的处境，对所说来说，已经是一种“滞留的记忆”，但那些诉说之瞬间［所占据］的**间隔**（*laps*）并未被回收于这记忆中。

因此，诸真理的真理既不能聚拢于一个瞬间，也不能聚拢于一种所谓的辩证法运动止步于其中的综合。它存在于所说和祛说（le Dédit）[②]中，也存在于别样地说（l'Autrement dit）[③]之中——回归、复原、还原：哲学的历史或它的前提。这就是布朗肖在《等待，遗忘》中提示我们的吗？他依次以肯定和否定的形式，将谓词给予命题的主词。它［诸真理的真理］可能没有言语播撒的风格；但它属于同一个非-世界，那“永恒真理”的终结，无论是经验主义还是历史相对主义，都未能想象其垂危，也未能想象其抽搐所描绘出的形象。因此，以下情况并非是荒谬的：一种严格的反思让人们瞥见存在的间隙，而在这些间隙中，这一反思又祛说/推翻了自身。如果没有论题化，或者没有它所反射的斜射线，

---

① 列维纳斯的常用概念，与前面的“共时性”相对，表示一种非同时、非连续、非整体、无起源、不可追溯的时间。自我与他者的伦理关系，本质上位于这一时间之中。

② 列维纳斯的常用概念，该词在法语的常规用法通常表示对之前内容的推翻或否定。

③ 该词在法语中的常规意思是“换个说法”“换句话说”。

我们就看不出任何东西，哪怕涉及的是不可论题化之物时，情况也一样。

这是一条通向那些无路的“地方”之路，它在我们的经验之地的地底下，在任何情况下，它都不会在一种眩晕中敞开，这正是那些异常敏锐、绝顶聪明、比德里达更德里达的人带来的眩晕。他们借助于所有的关键词来同时解释他非凡的作品，却既没有时间，也未曾留出时间，转向一种与这些关键词同时代的思考。

三　交错（Le chiasme）

德里达的批判将时间从对现在的依附中解放了出来，不再把过去和未来当作在场的模式、修正或调节，这种批判打断了一种将符号当作所指来推论的思想，将柏格森对存在的批判和康德对形而上学的批判推至极致。通过这种对在场的解构，意识对自身的见证失去了其笛卡尔式的特权。需要为引用这些年代久远的作者而致歉吗？这并不能阻止这种“走到底主义”（jusqu'au-boutisme）[①]，导向那被

---

① 在法语的常规用法中，该词通常被翻译为“彻底主义”，这里根据语境，也为了便于理解，翻译成“走到底主义”。

排除的第三项（tiers exclu）的奇异失序，在其中，是与否的分离，也即计算机用来裁决万物的蛮横二分法，遭到了摈弃。

人们可能不大容易承认（德里达本人可能也会否认），这一针对在其理念性永恒在场之中的存在之批判，首次在西方历史上允许人思考**受造物的存在**（*l'être de la créature*），而没有求助于一种对神圣操作的本体论叙述，没有一开始就把受造物的“存在”视为一个存在者，没有起用诸如偶然性或“生成和败坏”之类的否定性和经验性观念，这些观念与整体的不败坏性（incorruptibilité du Tout）一样是本体性的。第一次，受造物的“存在之不足”（moins être）在其动词言语性（verbalité de verbe）中被表现了出来。诚然，为避免在场形而上学在此思想中的复归，必须为“符号”这一用以替补失败之在场的操作性概念，寻觅一种不同于在场之失败的指涉，寻觅一处不同于语言之“所说”（无论是口语还是书写）的场所；寻觅一处不同于“语言”的场所，这种语言是那种完全受言说者支配、佯装自身具有共时性的语言，是一个（所有经验的同时性都已预设的）符号系统无与伦比的在场。然而，尝试肯定性地（positivement）[1]言说这种在场对自身的缺失，不还是一种复归于（那与肯定性本就混淆不清的）在场的方式吗？若宣称此“缺失”仍属于存在，便只是在存在与虚无这两个终极却同等的概念之循环中转圈，最终仅能为存在保留不幸的余味。无可否认，这或许比那被期待的幸福——超越一切快乐与沉醉的、在场之不可能的完满——更为可靠。但存在论果真无路可逃吗？

语言被嫁接于时间最不可见的差异上，其诉说与其所说脱节，关联不再严密，（这已经打破了统觉的统一性，因此已经打破了经验的可能性，）这确实使语言脱离了所有耗尽于在场和在场之溃败的经验事物。当然，总有一天，我们必须从诉说及其本身的意义出发，重新发现它与所说的关联——这并非不可能。但是诉说并不在这一**所说**中耗尽，符号也没有生长在所说之存在论的土地上，以便从其中接受其悖论性的关系结构（这结构曾使柏拉图感到惊讶，甚至把他推向弑父），以便填补一种逃避自身的在场。符号，如同诉说，是逆流于在场，暴露于他人，隶属（sujétion）于他人的非凡事件，亦

① 该词也可译为“积极地”或“正面地”，考虑到这个概念可能牵扯到的否定神学（Théologie négative）议题，我们在此处特将其翻译为“肯定性地”。

即主体性（subjectivité）的事件。它是一者-为了-他者（un-pour-l’autre）。它是意义，不会耗尽于直观和在场之单纯缺场的意义。我们要追问的是：构成这种自我缺失的在场之符号，从何而来？抑或，构成受造性（créaturialité）的不可聚拢的历时性，从何而来？它不会作为所说而开始，如果它有开端，如果它不是完全的无-端［an-archie］状态[①]。替代，增补（suppléance），一者-为了-他者，这在其对**为己**（*pour soi*）的决定性悬置中，不就是我对他人之责任中的为-他（pour-l’autre）吗？同一与他者之间的差异，就是博爱/兄弟之爱（fraternité）中为了他者的非-漠然/非-无差异（non-indifférence）。在解构分析中，真正显现为自我缺失的，不是一种**盈余**（*le surplus*）——这将又是一种对幸福的允诺和存在论的残余——而是邻近（proximité）的**更好**（*mieux*），一种卓越，一种跃升（élévation），是先于存在的伦理，或再次引用一位年代久远的作者[②]，超逾存在的善。笛卡尔在我思（cogito）中发现了现在的在场，却并未察觉啃噬它的无意识（in-conscient），这一在场转瞬便随着它无法容纳的上帝理念，在指间砰然碎裂。

---

① 列维纳斯的常用概念，常用来解释自我对他者之责任的无开端、无理由，正是由于这种无端由性，责任才是无法选择、无法回避也无法摆脱的。

② 指柏拉图。

我们无意将一种思想延长到其言语所播撒的相反轨迹上。那种“改善”一位真正哲学家的滑稽野心[①]，当然不是我们的意图。在他的道路上与他交错而过，已经是一桩幸事，这大概也是通过哲学相遇的模态本身。通过强调德里达所提问题的极端重要性，我们想表达的是在交错的核心处一次接触的喜悦。

（王嘉军　译　　张书圣　校）

---

① 康德曾在1789年3月28日致莱因霍尔德（Reinhold）的信中，极不友善地将这种野心归于所罗门·迈蒙（Salomon Maimon）对批判哲学的态度。当然，这两种情况完全不同。原因有很多！——原注

7

今日之埃德蒙·雅贝斯

回答《新手册》（*Les Nouveaux Cahiers*）提出的两个问题：

1. 在当前的文学生产中，您认为埃德蒙·雅贝斯[①]的作品处于什么位置？

2. 鉴于他的作品对于流放、漂泊，以及因此而对犹太状况的指涉，而这种状况又被他等同于书写和书写者的状况，您如何既从特定的角度定义它，又不限制它的范围？

一位真正的诗人一定会占据一个位置吗？他不正是那种在突出意义上的**失位**（*perd sa place*）者吗？他恰恰停止了占据，由此成为空间的敞开本身，这一敞开既非透明，也非虚空——如同黑夜和存在者的体量，也尚未显露其深不可测（sans-fond）或高不可及（ex-cellence），尚未显露那其中可能存在的天空，它的“天宇性”（caelumnité）或“天体

① 埃德蒙·雅贝斯（Edmond Jabès，1912—1991），法国当代著名犹太诗人、作家、哲学家。雅贝斯出生于开罗，1956 年流亡至巴黎，1943 年开始写诗，1959 年出版第一部诗集《我构筑我的家园》，1967 年成为作品在蒙特利尔世界博览会上得以展示的四位法国作家之一（另三位是萨特、加缪和列维-斯特劳斯）。雅贝斯与同时代的犹太哲学家保持着紧密的互动，他也曾写过献给列维纳斯的诗歌作品，德里达的代表作《书写与差异》中则收录了他评论雅贝斯的《埃德蒙·雅贝斯与书的问题》一文。

性”（célestité），如果可以使用这类新造词语的话。无底（sans-fond）或至高（hauteur）（雅贝斯所说的“最高的深渊”），所有内部性都陷入其中，在比外部性更加外在的空气中裂开，直至核心；仿佛单纯的人之呼气（respiration）已经只不过是喘息，仿佛诗意的诉说克服了这种气喘吁吁，直至真正深层的呼气，直至吸气/灵启（inspiration）[①]，这一吸气/灵启是对万物的解禁（déclaustration），是对存在的去核（dénucléation），或者说存在的超越性，对于这一超越性来说，缺乏的只有邻人。“我只不过是言说（parole）”，雅贝斯说，“我需要一张面容”。

这种敞开发生在雅贝斯的句子中，它们保持着句法的审慎，好似疏通词语，却不是为了让其释放出某种隐秘的意义，而是为了让其经受一种裂变，在其意义和字母中分解，并释放出一个绝对不受保护的空间的非-地方（non-lieu），一种核内场域（champ intra-nucléaire），这一场域没有图像，没有幻影，没有魅惑，没有一种可供光学折射的广延

---

① 该词在西语中，既有吸气之意，后又被引申为“启发”“神灵感应”等，在本文中，该词同时兼具这两个意思，因此，我们保留两个译名。另需注意的是保罗·策兰在《子午线》等作品中曾将诗视为一种“呼吸转换”，列维纳斯对策兰的作品很熟悉，这一概念可能受到了策兰的影响，在其《别样于存在或超逾本质化》等作品中，列维纳斯也十分倚重这一概念。

内的想象性焦点，却被上帝围困——正是这会促使我说，雅贝斯的作品不占据任何位置。而且，就我而言，我伫立在他的文本面前，忘记了他甚至将书写作为他书写的主题（倘若一个主题的确定位置，在此类书写中还能被什么东西所保证的话）；我忘记了雅贝斯在世界和现代文学潮流中有其位置。

这一空间的敞开——最高级的敞开——以一种受启（inspirée）[①] 主体性的形式出现（受启直至于将其诉说陈述为一种引用：要么夹在引号中间，要么被一个“他说”［il disait］或倒装的“他说”［disait-il］所引领或打断），它让“上帝”这个词忽然出现，并被听成“眼”（œil）这个词，或被写成复数形式的“眼睛的”（d’yeux）[②]——“你知道吗？”他说，“这本书的最后一个标点是一只眼睛，它没有眼睑”——在这一敞开中，并不存在对那些思想正统之人古旧、晦涩之词的援引，而是存在一种发音——先于所有可回忆的开端之前——在这发音中，上帝被听到了。这种解禁，如同对一只没有眼睑的大写之眼（Œil）的交付，而这交付发生

---

① 与上文的吸气 / 灵启（inspiration）相比，这里更强调主体的被动性或受动性。

② 该词与法语中的上帝（Dieu）谐音。

在“被看见的欲望”中，在这一欲望中，“法”这个词也强制性地呈现于雅贝斯面前：毫无防备地暴露在一种关注之中，这种关注的极致是一种苛求；这难道不是“以色列守护者”那“无法入眠”的关注吗？无论如何，这是雅贝斯作品中的犹太时刻——我的意思是它的人性时刻。我们是否需要引用《诗篇》第 139 章，在《塔木德》中，它被概述为亚当的奇异象征，他被创造为具有两张面容：一个头颅——全是脸——没有任何背景，没有可供保留想法或隐藏心理的阴影，没有任何与这一上帝决裂的可能，哪怕通过选择恶，也不可能。

这就是雅贝斯作品中流放和漂泊的犹太教？是对流传到他那里的犹太传统的这一点或那一点的注解？就算是吧。这都是一些主题。它们为二流诗人带来了欢慰。［然而］在雅贝斯这里，它们仍然在源自他所谓的“书的令人眩晕之所”的眩晕中旋转。

（王嘉军　译　　张书圣　校）

8

克尔凯郭尔

实存与伦理

一　战无不胜（triomphante）的真理

欧洲思想从克尔凯郭尔那里继承的强有力的实存观念，重新试图将人类主体性（及其开启的内部性维度）维持为绝对的、分离的（séparée）、未及客观“存在”（Être）的，但也悖论式地捍卫主体不可化约的位置（position irréductible），反对观念论，尽管观念论从一种前哲学的经验出发，授予了主体以哲学地位。因为观念论要么直至将人化约为一个脱离肉体的、无动于衷的点，将其内部性化约为一种逻辑行为的永恒性；要么如同黑格尔，直至将人类主体吸收进这一主体所揭示的“存在”中。观念论主张，思对“存在”的展开，允许主体越过自身，并将自身的终极秘密交付给“理性”（Raison）。于是，一切的发生就如同一个画家在完成其作品的同时，自己也卷入了出自他画笔的画中，被送往一个他自己所创造的世界。

克尔凯郭尔反对这种主张，他质疑观念论捕捉主体性的运动，在本原上是一种思，也就是说，他质疑那种“论题化”（prendre pour thème）的能力，这种能力可以总括所有经验，并将它们揭示为可比较从而可概括的，从而以它们的差异和对立来构建

“体系”和“理念”（Idée）。他质疑主体性可被简化为这种能力，这种能力可以将整个存在置于思想者的度量之下，同时又可以通过在思中所制作成的诸多存在来表达思想者本身。由此，他便对“存在”是思的对应物，提出了质疑。

那么，主体的主体性究竟置身何地呢？克尔凯郭尔无法借助感觉与享有（jouir）的特殊性，来对抗观念的宽厚。他所谓的审美阶段，乃感性扩散（dispersion sensible）的阶段，实际上会导向绝望的死胡同，在那里，主体性自我迷失了。但在代表另一项选择的阶段（这一阶段关乎的是将内在生命表达成法律秩序，是在社会中实现的阶段，是在对建制与准则的忠实中实现的阶段，是在与他人的交流中实现的阶段），也即伦理阶段，总体化的和概括性的思维也不能囊括思想者。外部性永远不能与人之内部性相等同——主体有个秘密，永不可表露——这一秘密决定了人的主体性本身。这一秘密，不仅仅是一种人们对之只能保持缄默的知识，而且首先还是一种与罪的灼烧相同一的状态，它自自身而来，始终不可表露。没有任何战无不胜的真理，也即理性的、普遍的真理，没有任何表达能够掩盖或消除这一秘密。

但这一不可传达的灼烧，这一“肉中刺”，表明主体性犹如一种**自我绷紧**（*tension sur soi*）的状态，在其中，人们能超出主体性哲学的概念之外，辨认出一种基督教经验的回归，甚至其诸多异教源头的回归：自我绷紧的实存，是在一种急切与等待的态度中朝向外部性的敞开。这种急切是人与物的外部性——一种被包裹于松弛而无动于衷的思之中的外部性——所无法满足的。而且，在这份对救赎的渴望之上，还有一种更古老的人类灵魂之紧张，也许正是因此，“基督教［才堪称］是天然的”，这种紧张以欲望来燃尽自身。

来自这一古老经验的主体性，为实存哲学和思辨哲学所共有，乃是一种存在者自我生产的方式。这一方式的同一化（identification）不是简单的逻辑同义反复。逻辑同义反复可以**诉说**（*dire*）存在（A的重复是A），但对存在滑过虚无的方式以及存在**流星般地出现**（*météorie*）则漠不关心。在某种意义上，同义反复推动了这种从虚无中的浮现和这种飞跃。在所有语言之前，主体性的同一化，就是为了存在而绷紧于其存在这一事实。A作为A的同一化，就是A为了A的焦虑（anxiété）。主体的主体性，就是在为了“同”（Même）的忧虑中，“同”的同一化。它是自我中心主义。主体性是一个“自我”（Moi）。

黑格尔的观念论在主体性中所注入的思，同样以主体的这种自我中心取向为出发点。辩证法的非凡努力就在于：指出从这种自我主义向“存在”和“真理”的转换之必要性，并由此揭示出一种潜伏于主体的主体性中的思。在某一时刻，［主体的］自我绷紧松懈下来，并转而生成自我之意识。［此时，］“自我”便从一种战无不胜的也即促成话语的真理出发，在一种普泛法则之下，在一种总体性中把握自身。这恰恰意味着从主体性到哲学的过渡。

但在这种话语中，在这个从总体化思想出发所获得的**言说的可能性**中，隐约觉察到话语的一种遥远的不可能性——就像正午的阳光中夜晚的暗影；通过这种缓和主体自我中心主义（即便它犹如对救赎的渴望那般崇高）的总体性哲学（philosophie de la totalité）预感到哲学终结于政治极权主义，在其中，人们不再是自己的语言的源头，而是无人称逻各斯的映象，或是通过形象所扮演的角色——所有这些构成了克尔凯郭尔的实存概念及其对诸系统的彻底新教式抗议的价值。然而，我们可以自问，向这种拒绝思——也即拒绝始终战无不胜的真理，拒绝声称抚慰不安时有着谎言和**分心**（*distraction*）之嫌的思——的主体性的回返，是否不会将我们引向其他的暴力。最后我们应当自问，如果真正的伦理阶段，被克尔凯郭尔正确地描述为普泛性（généralité），以及外部性和内部性的对等物，那么，不可化约为客观存在的主体性，是否不能从一种不同于其自我中心主义的原则出发来被理解？实存难道不能在思辨的极权主义和克尔凯郭尔的非哲学（non-philosophie）之外被提出吗？

二　被烦扰的真理

对于那种可为认知所通达的、实存在其中有种“解开自身”的幻觉（但仅仅是幻觉）的战无不胜的真理，克尔凯郭尔以信仰相抗衡，它因反映了主体性无可比拟的地位，而是本真的。信仰并不是对一种本身完美而战无不胜的、陡然支配所有人思想的真理之不完善知识，不是对某种仅仅是不确定的真理之知识。否则，信仰便只会是认知的简单降级。若如此，抱有信仰的主体性就将混同于某种昏暗之物，它穿行于外部性的明朗光照之中，却终将消散。

信仰展现了一种实存的境况，这种实存不能被任何“外边”（dehors）所容纳，同时又是贫困而匮乏的，贫于这种根本的贫穷，这种无可挽救的贫穷，这种绝对的饥饿，而这绝对的饥饿，在最终的分析中即为罪（péché）。**信仰乃与一种受苦的真理**（*vérité qui souffre*）**相关**。**受苦**与被烦扰的真理——这与一种被不当地靠近的真理全然不同。如此不同以至于对克尔凯郭尔而言，正是受苦的真理描绘了神圣的显现本身："全"（Tout）与"无"（Rien）的共时发生，与一个同时在场与不在场的"人"（une Personne）（一个受苦、死亡、令所救之人陷入绝望的受屈辱的上帝）之间的"关系"（Relation）。绝对的不确定性与确定性共在——以至于我们会感到疑惑，是否"启示"本身不与这种被钉在十字架上的真理的本质相悖，是否上帝的受难与对真理的无知不会在一种完全的**隐匿名字 / 非认知**（*l'incognito*）[1]中达至其崇高的顶点。

信仰所立足的这种在场与缺场的矛盾，永远无法被弥合——宛如一个张开的伤口，处于一种不竭出血的状态。对综合的拒绝在此并非一种智识上的软弱，而恰恰契合真理的这种新模态：受难与屈辱并非一种从外边降临于真理的意外事件所导致的结果，而是铭刻在真理的本质之中，并在某种意义上铭刻于它的神圣性本身之中。自此，从自我的出离，对于主体性唯一可能的出离，也即信念（foi），对于克尔凯郭尔而言，便是与那只容许单独会面（tête-à-tête）者，也即与上帝单独会面的孤独。实存从缺场到在场的致命一跃（salto-mortale），总是有待

① 该词常用义是"隐姓埋名"，这个意思可以对应于上文所说的"超越的真理表现得就好像它不敢说出自己的名字"。从构词上来说，更直接的语义是"in 否定 +cognit 认知 +o"，也就是说"非认知"，我们保持了这两种语义。

重新开始。占有（possession）永远不被确保。如果综合产生了，单独会面便会被中断。于是，它就将能**被表达**（*se dire*）。主体性就将失去它的自我绷紧，它的挛缩，它根深蒂固的自我主义，它就将进入外部性与普泛性当中。它就将成为哲学或未来生活（Vie Future）。[①] 在信仰中，实存像黑格尔哲学中的意识一样寻求承认（reconnaissance）。它通过寻求宽恕与救赎而为这种承认作斗争；但这种承认是由一种本身被嘲笑而不被承认、始终**有待承认**（*à reconnaître*）的真理所允诺给它的，而主体性的主观主义亦从未结束。

但受苦的真理这一理念，将所有对真理的追寻（所有与外部性的关系），都转化成了一种内在戏剧（drame intérieur）。对于外部世界而言，它则总是处于冒失与闹剧之中。它转向外部的话语，则充满愤怒与斥骂。它是冷酷无情的。受苦的真理并不向人敞开其他人，而只在孤独中向人敞开上帝。这种实存的内部性对外部性而言太过强大，并不能融入外部性中，因而对很多人而言，这种实存处于现代世界的暴力和现代世界对“狂热”与“激情”

---

① 让·瓦尔（对克尔凯郭尔理解最全面、最深入且最具哲学性的研究者），例如在探讨焦虑这一根本观念时，就指出了这一点。参见：Jean Wahl, *Études kierkegaardiennes*（《克尔凯郭尔研究》），Paris: Éditions Aubier-Montaigne, 1938, p.211, note 2。——原注

的崇拜当中。它包含一种不负责任，一种解体的因子。被人诅咒或诅咒他人的哲学家，像被诅咒的诗人一样，涌现出来。但我们同样可以质询，与被钉在十字架上的真理对应的纯粹信念的激昂（没有人比克尔凯郭尔更严格地展开了它的“现象学”），本身是否不是存在——这一依旧具有自然性的自我绷紧——的终极后果。我们在上文已经将这种自我绷紧称为至高的自我主义，它不是主体的恶劣缺陷，而就是它的本体论，正如我们在斯宾诺莎的《伦理学》第三部分的第六个命题中所找到的，“每个存在都尽其所能努力维持其存在”，以及海德格尔关于实存的论断：实存以这样一种方式实存，即这种实存关乎其自身的实存。

克尔凯郭尔的哲学如此深刻地为现代思想打上了印记，以至于它所能引发的保留意见甚或拒绝，也仍然显示了这一影响的某种形式。后期海德格尔的魅力，便部分在于他的存在之思所采取的严格意义上的本体论风格。这种思如此有力地对立于克尔凯郭尔的主观主义，只因它遍历实存的探险直至最后，并且可能在《存在与时间》中最成功地将克尔凯郭尔那里仍保有主体化身[①]（avatars subjectifs）意义的诸概念，提升到了哲学范畴的水平。同样，黑格尔思想的回归，以及它所产生的魔力，并不仅仅在于黑格尔思想为时下困扰马克思主义的拥护者及其敌对者——也即整个20世纪中叶的思想界——的重大政治问题，提供了根基。新黑格尔主义从其与实存的过分主观主义的抗衡中，获得了一种高贵性。在经过百年的克尔凯郭尔式抗议之后，人们想要超越这一悲剧性激情（pathétique）。克尔凯郭尔在诸体系［哲学］中所揭示出的分心/娱乐（distraction），是对帕斯卡尔消遣（divertissement）观念的重拾，但随着时间推移，它逐渐被一种恬不知耻（impudeur）所具有的显明性替代。

我们可以自问，克尔凯郭尔重新唤起的这种对本真性的渴望，在某种意义上，是否包含了对克尔凯郭尔式的主体性仍停留于的这种自我绷紧之遗忘和压抑；是否对自我的放弃（renoncement à soi），不应该是救赎关怀（souci de salut）的同伴，而系统哲学过于低估了这种救赎关怀。

在 Anima 与 Animus，即个体的、感性的灵魂与

① 趁此机会，我们要向马克斯·皮卡德精彩绝伦的作品致敬，他如此深刻地谈论了“人的面容”中的形而上学敞开（ouverture métaphysique），我们要［向读者］引荐这部作品。——原注

普遍的“精神”（Esprit）的对话中，“精神”的声音在我们看来，即便以黑格尔的形式出现，也依旧在制约着“灵魂”（Âme）及其内部性一直对自己的纵容。

对存在者之存在的求助（这一存在揭示自身，并仅通过其真理和神秘来激发人的主体性），就如同对于超越任意与想象的“精神”之无人称结构的求助，都带有男子气概十足而又冷酷严厉的语调，走出存在主义经验的人们对于这种语调是敏感的，不光犹如对天气变化的敏感，也像是对熟悉之事物的喜好。克尔凯郭尔的思想以其毫不退让的激烈态度和对丑闻闹剧的喜好，为这一语调做出了贡献。无论如何，如今哲学中有了一种新的声调，尼采在开始“用锤子哲学”时便已宣称了这一点。

思想中的冷酷性与攻击性，此前只是那些最不严谨和最现实的行动的特征，从此却用来为这些暴力和这种恐怖主义辩护。这不仅仅是文学形式的问题。在克尔凯郭尔那里，暴力产生于实存越过审美阶段，且并不能停留于其所认为的伦理阶段，而进入了宗教阶段，即信仰领域的那个确切时刻。[在这一时刻，]信仰不再能从外部为自己辩护。即便在内部，它也既是沟通（communication）又是孤独，并由此，是暴力，也是激情。于是在这里，对于伦理作为存在之根基的蔑视，开始了，所有的伦理现象都被刻画为某种次要之物，这一倾向，通过尼采，最终将我们引向了最近各种哲学中的非道德主义（amoralisme）。

三 侍奉（diaconie）

克尔凯郭尔与思辨哲学之间的整个论争，都将主体性预设为绷紧于自身（tendue sur elle-même），将实存预设为一种存在者对自身实存的操心，一种为了自己的折磨（tourment）。对克尔凯郭尔而言，伦理意味着普泛（le général）。［在伦理中，］“自我”的独异性将在适用于所有人的规则下消失。普泛性既不能包含也不能表达那无尽贫困并为自身而焦虑的“自我”（le Moi）之秘密。

与他人（l'Autrui）的关系，是否就是进入与消失于普泛性当中？**这便是我们针对克尔凯郭尔，也针对黑格尔所要质询的问题。**如果与外部性的关系不能形成一个其中各部分可以相互比较和普泛化的总体，那并非因为“自我”在系统中保留其秘密，而是因为人们在其中向我们展示其面容的外部性，使总体爆裂了。从他人出发的这种系统爆裂，并不是一种启示录形象（image apocalyptique），而是把一切不同化为同一的思所遭遇的化约他人的不可能性本身。

这种不可能性不仅意味着否定，还立即对“自我”提出质疑。这种质疑意味着“自我”对他者（l’Autre）的责任。主体性就**存在于**（*est*）这种责任当中，唯有不可化约的主体性才能承担一种责任。伦理，即是如此。

由此，成为“自我”（être Moi）便意味着，无法逃避责任。这一存在的增额（surcroît），这个被称作**是我**（*être moi*）的存在性过度（exagération existentielle）——这种**自我性**（*ipséité*）在存在中的凸出（saillie），以一种责任膨胀（turgescence）的形式实现。在他人的面容中对自我的质疑，乃是一种“自我”内部的全新张力，这不是一种自我绷紧。这种质疑并非要摧毁“自我”，而是使其与他人以一种无法比拟且独特的方式相联结。但这种联结，并非如材质联结于其所属的物块，或如器官联结于有其功能的有机体。这些机械的和有机的联结，会使“自我”消解于总体当中。

“自我”与非我息息相关，仿佛他者的整个命运都掌握在其手中。“自我”的独一性（unicité du Moi），在于没人能代替它作出回应这一事实。由他者对“自我”的质疑，并非初始地是一种反思行为，在其中，“自我”得以重新浮现，荣耀而安然地俯瞰自身；但这种质疑也不意味着“自我”进入一种超个人的（suprapersonnel）、连贯而普遍的话语之中。

由他者对“自我”的质疑，**本质上**（*ipso facto*）是种拣选（élection），是向一个特权位置的提升，而一切非我的存在都取决于这个位置。

这一拣选意味着最根本的投入（engagement），即彻底的利他主义。这种使“自我”摆脱其帝国主义和自我主义（即便是救赎的自我主义）的责任，并不将它转化成普遍秩序的一个环节。[相反，]这种责任在其自我性中，巩固其自我，在其在存在中的中心位置中，巩固其自我，使其成为宇宙的支撑（support de l’univers）。

在他人面前的“自我”是无限负有责任的。他者是穷人与赤贫之人，与这位陌生人（Étranger）有关的任何事都不可能使“自我”无动于衷。正是当他人的一切都与“自我”有关时，“自我”才达到了它实存的顶峰：作为我。“自我”的绝对权力在其中得以维系的权力之完满（plénitude du pouvoir）延伸至他人，并不是为了征服，而是为了支撑它。但同时，支撑他者的重负，就是要在其实体性（substantialité）中巩固它，将它置于“自我”之上。“自我”对其所承担的这份重负，始终向其所支撑的那位负责。我要负责（répondre de）的那位，就是我要回应（répondre à）的那位。“**对谁[负责]**”（*de qui*）与“**向谁[回应]**”（*à qui*）相重合。正是责任的这种双重运动，标示了高（le hauteur）的维度。这不允许我将这种责任行使成一种怜悯，因为我对我所负责之人有所亏欠。这也不允许我将这种责任行使成一种等级秩序中的无条件服从，因为对那个命令我的人，我亦负有责任。

克尔凯郭尔对《圣经》中献祭以撒（sacrifice d'Isaac）的典故情有独钟。他以此来用一种升至宗教水平的主体性，来描述与上帝的相遇：上帝高于伦理秩序！他对这个典故的解释无疑可以从另一个角度来重新把握。也许，亚伯拉罕那听到召唤他回到伦理秩序的声音的耳朵，才是这个戏剧的至高时刻。但克尔凯郭尔从未提到亚伯拉罕在与上帝对话时，以或许那里仍有义人的名义，为索多玛与蛾摩拉求情的情形。在此，亚伯拉罕完全意识到自己的虚无（néant）与有死（mortalité）——“我是灰与尘”几乎开启了他与上帝的对话，而神圣愤怒的毁灭性火焰在亚伯拉罕每次恳求时，都燃烧在他眼前。但死亡是无力的，因为生命从无限的责任中，从一种根本的**侍奉**中获得了意义，这种根本的侍奉构成了主体的主体性，这种全心全意绷紧于他者的责任，使其无暇回到自身。

（张书圣　译　　王嘉军　校）

9

关于《活着的克尔凯郭尔》

1964年，在巴黎举办了克尔凯郭尔的百年纪念活动，其中那些向他致敬的文章，后来于1966年由伽利玛出版社汇集为《活着的克尔凯郭尔》[①]一书出版，我的两次发言被收录于该书的第232—234页和第286—288页，但却是以扭曲的形式呈现的，原因可能是对口头文本的转录出现了问题。

在《活着的克尔凯郭尔》出版后，我们立即向出版社提交了修改文本，极其细致地进行了修订（尤其注意保持第一版的分页方式），出版社也友好地承诺在以后可能的版本中，用它来代替我们指出有缺陷的那些页面。然而，到目前为止，或许还不可能这么做。

这篇关于克尔凯郭尔的文章，曾在1963年5月以德文形式发表在苏黎世的《瑞士月刊》（*Schweizer Monatshefte*）杂志上。它以法文形式出版，为我们提供了一个等待已久的机会——尽管是在不同的语境下——为在《活着的克尔凯郭尔》中因为与那些享有盛誉的作者毗邻而感到荣幸的思考，还原本意。

第一次发言是回应让·伊波利特（Jean Hyppolite）于第218页的一则评论——有关人们在

① 据英译者考证，该会议由联合国教科文组织主办，于1964年4月21—23日在巴黎召开，文集收录了海德格尔、萨特、雅斯贝尔斯、瓦尔和马塞尔等人的文章。

面对克尔凯郭尔时可能感受到的恼怒。

第二次发言则源于加布里埃尔·马塞尔在第285页的反思——有关克尔凯郭尔的极度内在分裂（déchirement）。

一

克尔凯郭尔让我感到困扰的地方归结为两点：

其一，克尔凯郭尔以无与伦比的力量重申了主体性、独一（l'unique）和独异（le singulier）。但是，在抗议黑格尔式的普遍性对主体性的吸收时，他将一种暴露癖的、不知羞耻的主体性带入了哲学史。我觉得，晚期海德格尔对我们的诱惑，以及新黑格尔主义和马克思主义，可能甚至结构主义的吸引力，都来自（当然，只是部分地）对这种完全赤裸的主体性的反动，这种主体性因为不愿意在普遍性中迷失自己，而拒绝一切形式。

其二，让我震惊的是克尔凯郭尔的暴力。自克尔凯郭尔以来，在尼采之前，强者和暴力者的方式——这种方式既不惧怕丑闻，也不惧怕破坏——已经成为一种哲学家的方式。他们用锤子进行哲学思考。在这种持续不断的丑闻中，在这种对一切事物的反对中，我预先感知到某些言语暴力的回响，这些暴力自诩是有思想的和纯粹的。我想到的不仅仅是国家社会主义，还包括它可能激发的一切思想。克尔凯郭尔的这种严酷，是在他“超离伦理”的那个确切时刻诞生的。克尔凯郭尔所有反对思辨哲学的论辩，都假定主体性是绷紧于其自身之中的，实存是一种存在者对自身之实存的操心，是一种对自身的折磨。伦理对于克尔凯郭尔来说，意味着普泛（le général）。对他来说，在适用于所有人的规则之下，自我的独异性就会消失；普泛性既不能包含也不能表达自我的秘密。然而，伦理是否位于他所认为的地方，这是完全不确定的。伦理作为一种对他人之责任的意识——正如赫什女士（Mlle Hersch）[①]刚才所说，无限的要求吁求您承担责任，而您无法让别人代劳——非但没有让您迷失在普泛性中，反而使您变得独异（singularise），使您成为一个独特的个体，成为“自我”（Moi）。克尔凯郭尔似乎不理解这一点，因为他想超离伦理阶段，即对他来说普泛的阶段。在对亚伯拉罕［献祭之事］的重思中[②]，他描述了主体性上升到了宗教层次，也就是高于伦理的层次时，与上帝的相遇。但我们可以认为情况正好相反：亚伯拉罕倾听了那个通过禁止他

---

① 据英译者考证，这位赫什女士指的是波兰裔瑞士哲学家珍妮·赫什（Jeanne Hersch），是会议的参与者之一，她的发言题目是“瞬间”。

② 参见《圣经·创世记》22：1—19。

用活人祭祀而使他回到伦理秩序的声音，才是这个剧情最高潮的时刻。他遵从了第一个声音，这是令人惊讶的；但他能够对这种遵从保持足够的距离，以便听到第二个声音——这才是关键。另一方面，克尔凯郭尔为什么从来不谈论亚伯拉罕因为其中可能有义人，而为索多玛和蛾摩拉求情的对话[①]。正是在亚伯拉罕这里，生命对于死亡的一切可能胜利的先决条件，得以表明。死亡对有限的生命不具有强力，这种有限的生命从对他人的无限责任中，从构成主体之主体性的侍奉（diaconie）[②]这种朝向他者的完全张力中，获得了一种意义；正是在这里，在伦理学中，有一种对主体之独一性（l'unicité）的吁求，有一种对生命意义的赠予，尽管有死亡的存在。

二

由此，克尔凯郭尔为欧洲哲学带来了一些绝对全新的东西：通过在怀疑中不断重启的内在分裂来抵达真理的可能性，这种怀疑不仅是对确保明见性

---

① 参见《圣经·创世记》18：16—33。

② 该词原意指的是，基督教教会为穷人和弱者提供的慈善援助，以及相应的机构。

（évidence）的吁请，而且还构成了这一明见性本身的一部分。我认为克尔凯郭尔哲学的新颖性在于他的信仰概念。在他那里，信仰不是对一种其本身是完美和战无不胜（triomphante）之真理的不完美认识，对他来说，信仰不是一种微小的真理，不是一种没有确定性的真理，不是一种知识的退化。在克尔凯郭尔看来，这不是信仰和知识之间的对立，也即不确定和确定之间的对立，而是战无不胜的真理和被烦扰（persécutée）的真理之间的对立。被烦扰的真理不仅仅是被错误接近的真理。烦扰，以及因此的谦卑，乃是真的模式。这便是一种绝对全新的东西。超越的真理的高贵，它的超越性本身，将取决于它的谦卑：超越的真理表现得就好像它不敢说出自己的名字，并因此总是临近离去；因此，它不会来现象中占据一席之地，与这些现象在一起，它会立即被混淆，就好像它不是来自超逾之处（d'au-delà）一样。人们甚至可以追问，说出这种超越性真理之起源的启示，是否与超越性真理的本质相悖，因为它只有在被烦扰时才能本真地显示出来；人们也可以追问：是否隐匿名字 / 非认知（l'incognito）不应该是启示的模式本身？是否已被说出的真理，不应该也以什么也没被说出的形式显现？

超越者的超越性在于他的极度谦卑，这一观念使我们能够瞥见一种真理，而这一真理并非一种解-蔽（dé-voilement）。被烦扰的真理之谦卑是如此之深，以至于它不敢如海德格尔所说“在林中空地中”自我呈现。或者，也可以说，它的呈现是模棱两可的：它在那里就好像它不在一样。对我来说，这就是克尔凯郭尔带来的新哲学观念。也许被烦扰的真理这一观念，可以让我们结束解蔽的游戏，在这个游戏中，内在性总是会战胜超越性：因为，存在一旦被解蔽，即使只是部分地解蔽，即使是在神秘中解蔽，它都会变成内在的。在这一解蔽中，没有真正的外部性。就这样，通过克尔凯郭尔，某种东西自我显示出来了，而之后，我们又得追问，这里是否有显示。有人开启了一道口子——但不！他什么也没说。真理分两个阶段上演：关键之处已被说出了，但同时，也可以说，什么也没说。这是一种新的情形，一种持续的内在分裂，一种不是结果的结果。启示，然后，一无所有。克尔凯郭尔所带来的这种新的真理模式，不是纯粹的哲学家发明。它其实是对一个时代的转译（博弗雷[①]昨天所说的克尔凯郭尔是我们这个时代的思想者，这是绝对正确的，但也许不仅仅是出于海德格尔式的理由），这个时代对圣书的历史真实性丧失了信任，同时又未丢失通过它们听到来自“那边”（là-bas）的声音的可能性。圣书，或许空无一物。自从对《圣经》的历史批判以来，圣书已可以通过许多偶然性来解释。然而，圣书中却仍有训示（message）。正是在这个意义上，在克尔凯郭尔的真理方法中，有一种新的真之模式。

（王嘉军　译　　张书圣　校）

① 让·博弗雷（Jean Beaufret，1907—1982），法国哲学家，海德格尔哲学的重要法国接受者，与海德格尔关系密切，海德格尔著名的《关于人道主义的书信》就是写给他的。据英译者考证，他也参加了纪念克尔凯郭尔的会议。博弗雷的参与形式是发言并朗读他与海德格尔共同翻译的一篇文章，题为《哲学的终结和思想的任务》，并在讨论期间发表了一些评论。

10

让·拉克鲁瓦

哲学与宗教

一

诸神栖息在世界的高处，在哲学话语中找到了他们的位置。即便他们退出了神话的城邦，只要哲学话语仍然沉浸于神话或在神话中寻求庇护，他们就依然保有这一在哲学话语中的位置。《圣经》中的上帝，他的道路无人知晓，其在场或许只是缺场，而缺场又可能被强加成在场，信徒对他既忠诚又不忠诚，他在连贯话语的中断中显露自身。然而西方人——不可逆地成为哲学家的人——不愿接受信仰（或其残余）和哲学之间的这种分离。他希望有一种包罗万象的话语，甚至于连这种中断也能包罗。

这种被寻求的话语只有在希腊人确立了其词汇和语法时，才被承认为理性的，以至于任何新概念，只有在从这一根源性词汇出发，并按照这种句法或逻辑成形时，才能获得哲学尊严和认可。这种语言的力量无疑源自它对一切**外来性**（*extrinsécité*）的拒绝，也就是说，在于其极致意识的效力（vertu de conscience extrême）。这种极致意识，或者说比意识更自觉的意识：哪怕保持着明晰和绝对的警觉，也仍然因其个体的厚度（épaisseur d'individu），遮掩了内部性——这无荫的正午（midi sans ombres）——

之纯粹透明性。这种极致意识，也就是说不再是主体性的意识（它从未是主体性），即**逻各斯**（*logos*）。这一**逻各斯**所陈述的一切，都不能偷偷地潜入其中。没有任何东西能通过切断其连续性而渗透其中。对于任何新生事物，都必然存留着回忆（réminiscence）。这一**诉说**（*dire*）的**所说**（*dit*），乃是一个主题（thème），其中被提出的东西，借此展示和呈示自身，出现，在场，**存在／是**（*est*）。这是一种与现象，与自我表现之物，与显现也即显明之物，与存在相依附的语言。它以一种没有斑驳的光亮，照亮了一个没有隐匿或褶皱、没有隐秘状态（clandestinité）、没有神秘的空间；它聚集成总体的**整一**（en totalité une），也就是说，没有超越性的整一。现象性（phénoménalité），指的就是**进入存在的思想，完全等同于向思想敞开的存在**（*pensée accédant à l'être est l'équivalent exact de l'être ouvert à la pensée*）这一事实。这是一种极致意识或者西方意识，是一种对诸事实——对世界的诸事件与诸运动——的关注，它被推至极致时，会自我觉察自身乃是这些事实的纯粹可理解性（pure intelligibilité）。只有以此为代价，才能说现代人具有这样一种能力："从不接受任何事物为真"，除非其"确然显明如此"。[1]

---

① 见笛卡尔《谈谈方法》第二部分。

哲学话语——无论是从最初的明见性中先天（*a priori*）演绎出来，还是符合于规定其条件的诸范畴，抑或建立在关乎一个本身是整一（une）的、随时准备自我展现、任何奇迹都不能将之分裂的自然（Nature）的经验之上——即使是柏拉图式的，在其表达的形式中，也已经排斥了后面的诸世界[①]。在西方传统中，所有哲学，即便是一种关于超越性的哲学，都在其作为哲学逻各斯的层面，被还原为内在性（immanence）了。如今众所周知的形而上学的终结（尽管对于这一终结以及"形而上学"一词的确切含义，人们尚未达成一致），意味的是：越过这种形式上的内在主义（immanentisme formel），在诸概念的**内容**（*contenu*）中，窥探某种"隐秘的外部性"（crypto-extrinsèque）（如果可以这样表述的话）；秘密之物可能已然渗入诸概念的内容，如同一匹特洛伊木马，藏身于个人内部性的不可侵犯的秘密之下，或潜藏于某种对神话的阐释之中，无论这一阐释看似多么理性。

尼采的名言"上帝已死"之所以引起如此大的反响，并不是因为它倡导或宣告了信念（foi）从生活诸心理要素中的消失。对于大多数人来说，取代

---

① arrière-mondes，列维纳斯的常用概念，可以理解为"彼岸世界"，即尘世背后的更本真的世界，例如柏拉图的"理念世界"。

这一信念的诸科学确定性，并不确然建立在它们所源出的理性普遍性（l'universalité rationnelle）之上；但它们仍旧是一种信念，信赖大学（l'universalité）这一尽管备受争议但仍被赋予发言权的机构，信赖通过物质来征服物质的技术。但是"上帝已死"仍然意味着死亡：在大学 / 普遍性本身中的阐释学之死，诸神话、寓言、诸象征形式的启示能力（pouvoir révélateur）之死；庇护精神的文学之死，在更一般，也是更准确的意义上，我们称之为《圣经》（*les Saintes Écritures*）的［文学］之死。［不过，］出于一种奇特的特权，奥林匹斯的几则神话却抵御住了这种祛神话化（démythisation）进程，就像俄狄浦斯神话一样，在其中占据主导地位，指引反思走向新的维度，并"激发思考"（donner à penser）。然而，对于整体的圣书（Écritures）而言，人们不再从事释经工作，而只研究它们的生成过程（genèse）！[①]

［人们不再对圣书进行释经，］而是探寻其原因、程式或结构，仿佛它们仅属于民族志事实的层累堆叠。民族学不再是一个普通的学科。哲学拒绝

---

① "历史性的反驳是决定性的。过去人们试图证明上帝不存在，而今天，人们展示了上帝存在的信仰是如何产生的，以及这种信仰如何获得分量和重要性；由此，关于上帝不存在的反证就变得多余了。"参见：Friedrich Nietzsche（尼采），*Morgenröthe*（《朝霞》），in *Nietzsches Werke*, vol.5, Leipzig: C.G. Naumann Verlag, 1906, S.89。——原注

任何意外，要求所有事实自我标示（se signaler）以被理解，这种哲学开始于一种普遍的异域情调（exotisme）中，这种异域情调同样环绕着博学之士（le savant）自身所属的文明——正是这一文明赋予了他进行审视与控制的手段，即便这种控制是在意识的边界上行使的。自此，神话既不藏匿真理，也不藏匿谬误。它们是社会或心理效应，是防御机制的工具，是怨恨或满足的梦境，是没有认识论价值的图像。不应该阐释（interpréter）它们，而是应该说明（expliquer）它们，或应该把它们当成症候，而永远不要视作象征。要警惕它们纯粹空想的实存可能带来的幻觉，这种实存被误认为真相的意义。

马克思、尼采和弗洛伊德是这种被利科称为“怀疑哲学”（philosophie du soupçon）的流派之大师，而让·拉克鲁瓦[①]则越过宗教机构、教义、方法和承诺在将自我整合于现有秩序时陷入的所有切实的歧途，在这种哲学中瞥见了当代宗教面临的考验（甚至是危机）。作为所有当代哲学思想微妙音色变化的敏锐观察者，让·拉克鲁瓦在其观察中，当然没有忘记规定（或拒绝）当今宗教意识的社会、经济

---

① 让·拉克鲁瓦（Jean Lacroix，1900—1986），法国天主教哲学家，其作品批判性地思考个人主义和自由主义，也深入探讨了人与社会的关系，以及基督教哲学中的伦理问题，曾参与创办《精神》（*Esprit*）期刊。

和政治条件。但其担忧的本质涉及的是这种危机的哲学根源，如今几位著名的文学或人文科学大师（那四位或五位或六位大人物）的教导，决定或反映了这种危机。

二

现代宗教“意识”极度敏感于护教言论与普世接受言论之间的差异（即使矛盾的是，这种普遍性并未通过任何可与预测推算或结果统计相媲美的手段，来赢得一致认可），它难道不会因此自我废除其作为意识的身份吗？在现代书写中，引号太过便利地替代了如此多的不在场或不可能之词，它们足以暗示**宗教性**（*religieux*）应该以形容词形式修饰的那种心理机制（psychisme）吗？

无疑，正是为了通过加剧危机本身来试图解决危机，我们才被引导：如果不是回到斯宾诺莎，至少转向他，探询他。无论在前些年布伦什维克[①]式的人文主义观念论（idéalisme humaniste）背景中，还是在当今的法国反人文主义背景中，斯宾诺莎都道出了哲学的真理。这种对斯宾诺莎的迷恋，也出现在让·拉克鲁瓦的许多不关心宗教的同时代人身上。康德发现了**先验表象**（*apparence transcendantale*），并确实教会了我们在接受一个概念的意向性之前，先去追溯这一概念的诞生，但是他也在先验辩证法的诸幻象中，瞥见了实践**真理**的第一道闪光。对黑格尔而言，哲学就是基督教的真理，因此他并不能摆脱注经学。而胡塞尔的现象学，也不能对精神进行祛神话化，因为精神进入了一切意向当中——甚至包括疯狂（folie）的意向当中。在斯宾诺莎那里，属于第一种知识的图像，仅从第二种和第三种知识中获得一种解释，却并未得

① 列昂·布伦什维克（Léon Brunschvicg，1869—1944），法国哲学家，其批判性观念论主导了萨特、梅洛-庞蒂和列维纳斯学生时期的法国哲学，对20世纪初的法国哲学产生了重要影响。其对现代哲学的解读也很著名，尤其在重新诠释笛卡尔、帕斯卡尔、斯宾诺莎等思想家方面。他特别强调理性和精神的重要性，认为哲学的任务是通过思想史，特别是科学和数学的历史，来考察人类意识的发展，认为这些学科代表了最纯粹的理性形式，体现了人类如何通过理性来构建和组织世界。

到深化。[1] 斯宾诺莎是有关上帝之死的首位信使——这一上帝与人有着如《创世记》所说的那种著名相似性。《神学政治论》所教授的以经解经，意味着禁止在圣书中找寻哲学观念。[2] 圣书可以像真理一样具有救赎意义（salutaire），但并非是真理的隐含预示（préfiguration implicite）。它不是某种天赋智慧（sagesse infuse），不是某种内部性或不自知的理性。

尽管《伦理学》的诸定理中有上帝的存在，尽管诺瓦利斯认为斯宾诺莎醉心于上帝，但在斯宾诺莎的哲学中寻找一种能让一个信奉圣书的灵魂满意的哲学，仍是一项大胆的计划。让·拉克鲁瓦强调斯宾诺莎的非人文主义话语，将其视为一种关于存在的哲学，这种存在通过其自身的展开来解释自身，排除了任何拟人化或任何将人类力量与目的——即使是最高级的力量与目的——转移到上帝身上的做法；而存在或自然的神圣性（divinité）则在于“**存在/是**”（*esse*）的纯粹肯定性（positivité pure），

---

① 斯宾诺莎“说明”（expliquer）图像而非从中寻找（即便是萌芽状态的）真知的方式，源自笛卡尔，在后者的思想中，感性不再是真理的来源，而是有用性的标志。——原注

② 斯宾诺莎方案当然不能归结于这一论点，但这一论点至关重要；让·拉克鲁瓦在这点上与西尔万·扎克（Sylvain Zac）的论点一致，并在《神学政治论》中找到了对“非哲学救赎”之途的指示。参见：Sylvain Zac, *Spinoza et l'interprétation de l'Écriture*（《斯宾诺莎与《圣经》的诠释》），Paris: PUF, 1965。——原注

在于其本质的力量本身，这种力量通过自然化的自然（nature naturée）的演绎性生殖（engendrement déductif）来自我表达。这是不可超越的力量或合理性（rationalité），因为在这肯定性和conatus[①]之外别无他物，没有任何通过善来超越存在这个意义上的价值；这是没有**超逾**的总体，这种总体也许比在尼采那里还更深刻地得到了肯定，这种总体只是存在的非隐秘性（non-clandestinité）或其可理解性（intelligibilité）的另一个名字，外部性与内部性在其中相互叠合。在这种严格的、必然摆脱他律的秩序中，人类作为属性的样式（而非天父宠爱的子孙）在其中占有一席之地，并且虽然被包含，但未被吸收，人类与上帝之间基于超越性而保持着距离。这种超越性通过第三类知识而得以内化，后者理解这种超越性在实体中的样式之位置。这种内部性的精神不会因呼吸而与基督教灵魂相分离，那灵魂摆脱了一切外在性，而政治反动曾将福音教义禁锢于这

① 鉴于conatus一词在斯宾诺莎哲学中的核心地位，及它在西方哲学中的熟知度，我们并未直接翻译。该词源自拉丁文，译为“努力”或“倾向”。在《伦理学》中，conatus指的是每一个事物内在的力量或本质，它促使事物保持自己的存在，并努力实现其本质。对于人类来说，这种努力不仅仅是物理上的生存延续，还包括心理、情感和理性的维持。斯宾诺莎认为，这种生存的努力是我们所有行动的根本动因，也是我们追求幸福和自由的基础。

些外在性中。这是一种没有价值论的哲学，在其中，所有从存在出发受到威胁的价值都重新出现：从情感奴役的解放、欲望的重塑、反异化（désaliénation）、对邻人之爱到自由国家。对上帝的智性之爱（amour intellectuel）以及上帝为哲学家开启的永恒（他从上帝那里接收到了他对上帝怀有的同样的爱），并不是一种于匿名中的消泯，也配得上给选民的救赎允诺。值得注意的是，在这种对斯宾诺莎主义的阐释之中，西方宗教传统在何种程度上，保留了一种在理性和知识之间的等同性，或至少是一种无法否认的亲缘性。

但斯宾诺莎主义秩序的合理性本身，要求救赎之路向所有人敞开，即使他们不能自我提升到第三种知识。从一种低于“真”的秩序的诸表征（représentations）出发，他们可以被激励出对上帝、对邻人之爱，被激励出美德，从而依据《旧约》和《新约》所规定的宗教得到救赎。这似乎假设了一个纯粹灵性事件，即向一个配得上神性、“比哲学家更高”（plus que philosophe）的人，授予一种关乎上帝的完美知识，一种比《圣经》尤其是基督教《圣经》的信息所源出的智慧更高的智慧。

三

哲学因其依据“理性”的内部性所具有的本质特征，以一种比任何对宗教体验的沉思都更具说服力的方式，与信仰达成一致——这应该就是让·拉克鲁瓦这部严肃而炽烈的小书的关键所在。另外两部出版于同一时期的作品[①]，则将这一设想植根于当前现实。但这一切都证实了一种精神状态在宗教现代主义中的奇特复现，这种精神状态在同等程度上也许只鼓动过圣托马斯·阿奎那。

即便是最清醒的宗教现代性，也仍然将一切**意义**（*sens*）都归于存在的统一性和总体性。不可被含括之超越性（transcendance inenglobable）的宗教意涵，被本体论的保障所围绕；信仰不会在不能确保自身的情况下冒险：上帝的存在乃是首要问题，没有它，剩下的一切都只是修辞。尽管关于“善”超越存在的言辞[②]，同样源自古希腊，但重要的仍旧是

---

① 此文是列维纳斯对让·拉克鲁瓦三部作品的统一评论。按列维纳斯的提及次序，这三部作品分别是：*Spinoza et le problème du salut*（《斯宾诺莎与救赎问题》），Paris: PUF, 1970；*Le sens de l'athéisme moderne*（《现代无神论的意义》），Paris: Casterman, 1970；*La crise intellectuelle du catholicisme français*（《法国天主教的智识危机》），Paris: Fayard, 1970。

② 参见柏拉图《理想国》517bc 和 518cd 等小节。

存在。话语在其神圣本性（nature divine）中得到了黑格尔确认，它将超越性的绝对历时性汇集成一个普遍主题，并共时处理成一种历史视野，这一话语仍是万物的主宰。哲学驱逐了形而上学。

然而，对于现代意识——它无须自责是时代错置（anachronisme）的——就不存在一种替代方案（alternative）吗？这一替代方案既不需在理性与无法传达的意义之间做选择，也不需在神学与神秘之间做选择。一个与绝对存在同一的上帝，于是乎存在于一切度量之外，以其存在的肯定性（positivité d'être），在总体性的封闭回路中，填补了人之相对存在（être relatif）的缺陷与断裂——这应该便是该种替代方案的第一项，其背景隐约可见斯宾诺莎主义。而毫无疑问，昨日的存在主义思想也倾向于这一选项（即便只是在焦虑中），它在对其本体论惨败的意识中担心天空是空的或存在是有限的。

但是，这超越性不是正在保护它的墙壁背后苏醒吗？以布朗肖的作品为例，他的作品乃是这样一种事实本身，而非仅是对这一事实的见证，即被总体化的总体（totalité totalisée）并未吸收一阵骚动，或一阵固定的沉默之沉闷而单调的低吟。仿佛总体并未在秩序中平息下来。这种单调并非一种**逻各斯**：既不是主体的理性动物性（animalité raisonnable）在其有限性束缚中挣扎的焦虑，也不是主体面对非凡的统治秩序时的惊叹。这并不仅仅是一种关乎总体的意识，何况这种意识已然隶属于这一总体；这是一种制造文学的倦怠（ennui），它不断地试图自我欺骗，或者不断地试图平息沉默所发出的这种不间断的嗡响，或平息这“虚无化”（néantit）着而不保持寂静的虚无[①]——虚无本应保持这种寂静。

或者，超越性在当代诗中（但也许任何时代都如此）打破并扰乱了**陈述**（*apophansis*），[②]陈述无法以滞后于其书写，且与自身同一性不接合的术语，来拥抱它的**史诗**（*épos*）[③]。

或者，超越性越过这些人们轻率地视为虚无主义的事件，在理解世界后改造世界的勇敢中爆裂，回应着尚未“有序的”人类对**秩序之**执迷，又或者这种秩序始终成疑，并不断压在我作为人质的责任之上。

或者这是邻人的亲近，它无法被归结成真理或毗连（contiguïté），超逾了“聚集”（rassemblement）：

---

① 列维纳斯此处“虚无化的虚无”应该指的是萨特在《存在与虚无》第一章中的用法。

② 源自古希腊，主要指一种陈述性话语，后世海德格尔对其进行了另一种解释，可指涉“揭示”或“展现”等意。

③ épos 源自古希腊，在文学中常指史诗或叙事性作品，在哲学中则可以象征一种宏大的叙述或整体意义。在此处，它应该指涉的是语言试图表达但无法完全捕捉的整体性意义。

“我向朋友敞开了自己——他迷路了——他消失了。”[①]

文学、书写、失序、勇敢、亲近——这些不是对文学、无序或亲近的经验。经验仍是知识，仍是朝向存在的敞开，已然是本体论，已然是哲学，已然是总体化。超越性从所有关于超越性的，试图围住、界定或限定、系牢、捆绑超越性的经验背后，重新振作起来。对于这些联结，捆绑它们的绳索自然既不会太短，也不会过于磨损。但是，这里涉及的意义，激发起了人之全然别样的震颤（frémissements[②]）。

上帝之名能够回响于弥漫着瘴气的泥泞沼泽深处，回响于同一性的分裂，回响于“秩序”的崩坏中吗？**纯粹的**超越性不能**以任何其他方式**打断总体化。在总体化的总体之外设定另一个“存在”，无论它多么至高（si haut qu'il soit），都不会阻止它立即黏附于它所超离的总体之上——尽管单纯的**类比统一**（*unité d'analogie*）为这种超离设置了距离。这

---

① 《雅歌》（5：15）由亨利·梅肖尼克（Henri Meschonnic，1932—2009）基于新的可能译为《歌中之歌》。参见：Henri Meschonnic, *Les Cinq Rouleaux*（《五卷书》，通常指《雅歌》《路得记》《耶利米哀歌》《传道书》《以斯帖记》——译注），Paris: Gallimard, 1970。——原注

② 这个术语译自柏拉图《斐多篇》251a 小节中的 φριχη。——原注

是本质（esse、Sein[①]）所背负的不可摧毁的命运。但纯粹的超越性通向独异的“名”（Nom singulier）之道路，不会比“必然存在”，或者“自在且自为地构想自身的实体”[②]等中性理念更为武断。这个名没必要也不可能在存在中，以证明或效应产生回响，它的“统治”也不是表现和奇迹。其超越性意义的朝气蓬勃，并非体现于信仰或希望中，而是体现在人的过度**支出**（*dépense* excessive）中，在**一者为他者**中，打破收支平衡；体现于不期待答谢而“自愿给出的示意”（significance baillée[③]）中，体现于超出长久生命和永恒的夸张（hyperbole）中。这是一种并非走向存在或非存在，而是走向被排除的第三者（tiers exclu）的方案；即便语言称之为上帝而将之表述为**存在者**或**存在**。这种本身模棱两可的，既是辅助性的，又是冒失者的语言，背叛了不可言说之物，但也由此揭示了它，并将其交付给形而上学的“还原”。

替代方案的这第二种选项，即思考一种有风险的超越性或者冒着将超越性置于险境的风险，并非

---

① 两词分别是拉丁文和德文，皆意为“存在 / 是”。

② 这个表述来自斯宾诺莎《伦理学》第一部分的第三个定义。

③ 此处法语词 baillée 我们译作“给出、给予”，而其常用含义是“打呵欠”，而这个动作往往表明了身体的疲倦，也即某种“支出”和损耗。

某种浪漫的可能性。它使今天的人性焕发生气，是一种反人道主义的反面，而反人道主义否认这种将自身安全当成一种本体论的**自我**（*moi*）。但**我**（*je*）仍旧是它自己而非一个他者，不同于所有他者并且独一无二，因为它被剥夺了主权，将自己设定为对自身自由以外的自由负责，对他人毫不漠然，而正是如此，才绝对与众不同。这是一者-为-他者事实上的相对实存（existence relative），是替代和符号的示意（signifiance de signe）。如果过度支出存在的话，它就存在于**一者**的责任中，他被缩减到作为所有**他者**之人质的处境——或非处境——之中。

这些概念无疑意味着义务的他律性，这种义务摆脱了自由认同的约束。它们令人震惊地侵犯了自主性的神圣概念。但自主性所回应的精神化（spiritualisation），难道不是与内部性的诸深度（profondeurs de l'intériorité）一并开启了“一切皆被允许”（tout est permis）[1] 的维度吗？在这一维度中，在心理储备中预先准备好的退路不断延伸；“差异”逐渐消失了，直至一者对他者的漠然，直至“不再同情和哭泣”；但存在的总体化却在此找到了其

---

① 这句话出自陀思妥耶夫斯基《卡拉马佐夫兄弟》中的伊万，其原话的中文译文多为：“如果上帝不存在，那么一切都被允许了。”列维纳斯经常引用这句话。

终极资源，以在极权主义中自我膨胀（s'exalter）？这是一种如同博纳尔德和迈斯特[①]的压抑性外在主义（extrinsécisme répressif）那般令人生畏的精神化所带来的遥远后果。

让·拉克鲁瓦先生曾思考过一种不足的哲学（philosophie de l'insuffisance），或是哲学的一种必要不足（insuffisance nécessaire），它应该给信仰留有一席之地。他现在认为这种立场是不可取的，必须在哲学中走到底，直至斯宾诺莎主义，无须因为在其中听到宗教生活赖以生存的内部性和救赎（即便是以变体的形式）而感到绝望。他的尝试是勇敢、精妙而细腻的。也是可取的。哲学的不足实际上只不过是哲学的不幸，而这种不幸，如我们所知，已被定罪，且无法申诉。但足量（suffisance）又是否能安抚一个现代灵魂呢？无论如何，这个或那个试图将超越性封闭于内在性中的绝对思想，其注释者或传授者，乃至在他们作为追随者的轻率奚落中所表现出的自足和自满，并不能将所有的异见意义（signification dissidente）简化为荒谬。没有人否认他们所打的结的稳固性。也没有人打算利用这些

---

① 博纳尔德（Louis Gabriel Ambroise de Bonald，1754—1840）和迈斯特（Joseph de Maistre，1753—1821）皆是教会权威与君主原则的坚定捍卫者。——原注

系统的不完美，来插入一种无理性的知识（savoir sans raison）当作补充。

然而，那种可以被称为宗教性的不可抗义务与意涵（尽管“宗教性”这个词因其暗示的天真而对某些人来说无法容忍），那种赋予了整个为他人负责的人性以意义的意涵与义务，可能并不黏合于古希腊循环往复且包罗万象的运动之上。而这种哲学的终结，从包围中的脱离，也并非意旨（sensé）的终结，一种非播撒（non disséminé）的语言无须将其句法嵌入其意义，也能言说这种意旨。

（张书圣　译　　王嘉军　校）

11

罗杰·拉波尔特与终寂余声

我们正在目睹一场独异的剧情。最卓越的**事件**将是从意义通达存在的言说；而书写，作为一种冥思的方式，将使**事件**得以发生。但这种冥思意味着将自我从其舱室或皮肤中驱逐出去，从而抵达透明性或纯粹接受性（réceptivité）；这一转瞬即逝且不确定的**事件**，将通过它即将离开的姿态，表明它的在场之绝对的异在性（l'exotisme），因此，探访（Visitation）[①]之幸福将取决于这种迫近分别之不幸。言说的到来，除了这一到来之外什么也没说出，一种空洞的声音的到来；但要“写得恰当”，你必须听到它，而要听到它，你又必须已经“写得恰当”。这是没有出口也没有入口的循环。我们不知道这一言说是呼唤（appel）还是回应。主体和客体之间的区别和距离，都被取消了。书写既不是沉默，也不是言说，而是警醒和等待，它将被赋予一种倒置的意向性：它是对意外 / 不可等待之事（l'inattendu）的等待，是欲望，但可欲之物的满足，非但无法使其圆满，反而一直在深化欲望。

这里讨论的不是哲学，不是心理学，也不是文献档案。封面上的一个词轻率地把罗杰·拉波尔特（Roger Laporte）的《终寂余声》（*Une voix de fin silence*）归类为叙事类文学，在这本书中，所有上

① 该词在宗教意义上意指圣母往见、圣母往见瞻礼。

述矛盾都被串在一起，却并未平息于辩证法中。但这本书，也许只想成为寻求对事件的“恰当书写”，它毫无疑问因为它的美，而属于美文（belles-lettres）[①]之列。

莫里斯·布朗肖为文学开启了一个新的维度，在这个维度中，真实人物在一个既不是客观现实，也不是意识领域的高度紧张的领域中，消磨自身。也许，对布朗肖自己来说，这涉及的就是死-后状态（l’après-la-mort）或不可能的死亡。一个能让幸存者读到其他人死亡时辰的共同的（commune）时钟，也许是伟大的钟表匠最大的恶作剧。在属于他们的时间中，垂死的人从未停止死亡。他们的时间不会再汇入共同的时间。他们无尽的垂危，正是存在的不断滚动，它如同一种恶心涌向生者，或者重新唤醒那无法停止的语言，这一语言当然是文学，但当一个出口显露时，有时又是诗，即使这一紧急出口只是假门或假窗。但一切发生，就好像外部性和内部性是一个更原初或更终极事件的发生地，这事件便如这个平常词组字面意思所显示的那样：**有了地方**

① 该词还通常被翻译为“纯文学”“严肃文学”，我们在这里根据前句的“美”，将其直译为“美文”，这样也便于我们把下文中的“lettres”翻译成“文”，从而与“文学”（littérature）相区别。

（*a lieu*）[1]。那么，这是何种事件？为什么它拥有进入文学的权利？为什么我们称它为言说，甚至是书写？

这一事件有时相似于存在（l'être）的事件，或者，通过赋予**存在**（*essence*）这个词一种抽象行动名称的价值，这一事件相似于存在的**本质**（*l'essence*），相似于海德格尔著名的**存在者的存在**。在布朗肖的作品中，它表现为一种无人称的、中性的反复筛查，一种不停歇的忙乱，一种无休止的颠簸，一种基础性的不透明，严格来说，甚至不能说它是基础性的，因为它没有建立任何东西，它是混乱，是《圣经》中所说的混沌（tohu-bohu）。在这一点上，拉波尔特似乎更接近海德格尔和博弗雷。他谈到了降临（avènement），谈到了顶峰，同时小心翼翼地将这些概念与胜利者喧闹的凯旋区分开来。这一到来又渐远的声音，就像回声或韵脚一样，驻留在静寂和遗忘的边缘。

这一事件有时又像是一种对自我的脱离，一种从同一（Même）通向绝对他者的通道（这不亚于存在者之存在那般引人思考！）。克尔凯郭尔坚持不懈地谈论这一点，而扬科列维奇却在没有明确触及的情况下谈论到它。绝对的他者，是一种立即会

---

① 法语词组“avoir lieu”通常意指“发生”。

遭受质疑的发现——是被烦扰的真理。不断重生的不确定性，正是他者在我们中间经过，却不会变成这个世界之旧有知识的模式。在扬科列维奇看来，对绝对他者的瞥见，减弱了它所惊扰之物的**特质**（*quiddité*），以至于将其简化为一种单纯闪现的事实，简化为这一瞥本身的一闪而过。

这一切与文（lettres）有何关系？但是文学究竟是什么，不正是在书写和作品之间的这种失衡吗？不正是这种叠加到作者“自以为注入词语”的意义上的“承载意义的语言”吗？那些声称自己是文字的情人之人，那些语文学家和文学史家，仿佛是为了驱散事件而都想回溯到的，难道不正是这些词语之中吗？仿佛对他们来说，最重要的是证明在书写过程中，除了作者的思想和情感之外，什么也没发生！在现代文学讲述自身冒险的执着中，我们当然很容易看到，它们在寻求一种对失落信仰之沮丧的补偿。事实上，这是一种绝对的渴求——我们能欲求得更少吗？——长期以来，传统神学因它那强大而神奇的超自然性（这让西蒙娜·薇依感到极度愤慨），因它那就像透过窗户看到的风景一样被简单呈送的彼岸，因它那如同栏杆般可被轻易跨过的超越性，而忽视了这一渴求。［然而，］仅仅通过宣称超越性**本质上**（*essentiellement*）属于主观性，并不足以确保一种衰微的神学被替换。对“本质上”这个副词的滥用，也许可以定义今天的伪-思想（pseudo-pensée）。就像我们童年时，那些无论如何倒下都会再稳稳站起、找回其立足点的玩偶中的内置铅块一样，自我（Moi）的**自身**（*soi-même*），无论经历多少变化，依旧会将自我带回同一片地面上，带回原来的位置。在我们的旅行中，我们携带着自身。然而，通过文学中的文学，通过所有这些“语言故事”，我们孩童时的奥秘（mystères）和我们的恐惧，均被重新质询，而自我（Moi）也被颠覆了。

语言是感知中的倾听，还是接近中的触及？它是一种显现和揭示，还是一种与邻人的交流和亲近，一种不能被简化为揭示的伦理事件？这些问题是无法回避的。但正是围绕这样的语言，展开了一种重要的博弈，这种语言在正确的书写中，不会发出噪音，也不再是屈从性的。人们可能会对这种书写的特权持有争议，罗杰·拉波尔特就这一特权写下了一些精妙的文章。但这又有何妨！从本质上讲，语言也许是这样一个事实：总是只有独独一个词被说出，它不指向一种被思的存在，而是指向一种超逾存在和超逾思的运动，在思之中，存在自我注视并自我反思。更确切地说，**说出来**（*proférer*）本身，就是超逾思的运动。诉说（dire）即妄说（délire）。［不过，］思会立即揭露它们的胡言乱语或空话连篇，并用它从支撑词语的基础上挖出的石头来反对这些词语，从而将它们囚禁在它们声称要超离的世界中。它迫使它们连贯地说话。然而，在此过程中，被这些诗性词语的狂放所维持倾听的“彼岸”，仍在自我讲述，这种交流“被感受为所交流之物本身”，这是一种“纯粹的吐露”。只有当超越者（transcendant）的到来遇到争议时，超越者才能作为超越者到来。它的圣显是模棱两可或玄秘的。它可能只是一个词。

语言，是一个唯一的词被不断说出的事实，这个词就是：上帝。

（王嘉军　译　　张书圣　校）

12

马克斯·皮卡德与面容

一

我与马克斯·皮卡德[1]保持过几年的书信往来，并读过他的书。我从未见过他，但感觉已经见过他的面容。对我来说，谈论马克斯·皮卡德，几乎是在召唤一个**幻象**（*apparition*），但却又**奇异般地真实**（*étrangement réelle*）。这也许正是诗意体验的确切定义。

我又重读了他的来信——那些明信片，他在上面用法语写了几句，然后接着用德语写，经常在法语句子尚未结束时，转而以他的母语结束。这些信件中没有任何内容像是为了将来发表而写的。当然，我们的交往既不够久远，也不够深入，尚不足以承载长篇的智性倾诉。但在与马克斯·皮卡德通信时，**你会觉得他向你发出的符号比传达的意义更重要，声音与信息同等重要**。在信件中，他的个人全然在那儿，

---

① 马克斯·皮卡德（Max Picard，1888—1965），瑞士作家和哲学家，20世纪少数几位从深刻的柏拉图式感性出发进行写作的思想家之一。1929年，他完成了名为《人的面容》（*Das Menschengesicht*）的著作，1939年，他由犹太教改宗罗马天主教。他与列维纳斯的良师益友加布里埃尔·马塞尔交好，后者曾为他的第一本法译著作作序。

朝向你。这并不是说，人类在对普遍秩序的参与中所建立的人际关系，通常不会比人们彼此所抱有的关切更本真。**但在那些非凡的人**（*êtres d'exception*）**身上，这种关切却无与伦比地敏锐**。它绝不**类似于情感抒发**（*effusions*），而是保留了一种概念的纯粹性与一种智性运动的贞洁性。

二

这也许就是皮卡德的书所教导的。对人的兴趣，当然。但谁会在今天，即使在“人文主义危机”下，说他对人不感兴趣呢？在皮卡德那里，**在对人的兴趣之外，还有着对每张人类面容的兴趣**。面容的哲学——这便是马克斯·皮卡德思想的精髓。**面容并非仅是个人性**（*personnalité*）**的别名**。面容当然是个人性，但这种个人性位于其显现之中，位于其外化和接纳之中，位于其原初的坦诚（franchise originelle）之中。面容自身就是，——如果我们可以这么表达的话——一切明晰的神秘，一切敞开的秘密。

这就是为什么皮卡德重拾《圣经》式表达，即人是仿照神的形象所造。而根据马克斯·皮卡德的一句话（这句话经由他儿子米迦勒[①]转述给我），**“人的面容乃是上帝的实存的证明”**。这显然无关乎演绎证明。它关乎的是神圣（一神论的神圣）的维度本身，这种神圣在那**构成人类形象的诸线条的奇异构型**（*bizarre configuration*）中敞开自身。正是在人的面容中，超越于人类独异性的表达之外，又或者因为/碍于[②]这种终极的独异性（singularité ultime），**上帝的踪迹才得以显现，启示之光才充盈宇宙**。

面容中的个人性既是最为不可替代，最为独一的，同时也是可理解性本身。正是通过仿照上帝形象创造的人类面容，宇宙获得了可塑的形态；粒子的涌动在结晶成图像，在**形成于感性的最初的隐喻**，在一种本原的语言，在一首原始的诗中，**获得**意义。因此，在皮卡德的整个作品中，相面术的论文并非旨在从勾勒出人脸的诸线条中找寻带有心理特征的相貌，而是要从人脸**这些根本的图像或隐喻中来解读宇宙**：那些我们在日常交往中遇到的人之面容，那些我们在其与永恒接触时不恰当地称为死亡面具的

① 米迦勒·皮卡德（Michaël Picard，1915—2000），法学家。

② 此处“碍于”对应的法文原文为 à cause de，该短语同 grâce à 皆表示缘由，但不同于后者所指缘由的积极性，前者所指的缘由更是消极性的，故此译作“碍于”。上帝的痕迹是超越于人类独特性的表达之外的，完全可以借助其他方式显现，其在人的面容中的显现乃是一种屈就，屈就于人类的终极独特性。

人之面容，那些变成肖像后从博物馆的墙壁上注视我们的人之面容。

三

如何解读这种语言？唯有以诗才能回应诗。皮卡德的哲学分析是一种诗性分析。他对面容和世界的阅读并非总是在概念上无可辩驳的，或是在现象学上令人信服的。但它在诗性上是确定的。人们阅读它总会想到探究水、空气、土和火这四元素的巴什拉[①]。人们总是会想到巴什拉，这位他昔日的朋友。

但人们尤其有理由追问：对原初意义（premières significations）的解读，是否可能是别的方式，而非诗性的？在此难道不是涉及一种解释方式，在其中，原初词汇和原初隐喻得以构成，而这些词汇和隐喻虽未及哲学家的连贯话语，但恰恰正是它们才使这

---

① 加斯东·巴什拉（Gaston Bachelard，1884—1962），法国哲学家、科学家和诗人。他认为诗歌是一种特殊的想象活动，能让我们进入一个全新的世界，但这种想象不是随意的，而是植根于我们对物质世界的经验，是一种物质想象（imagination matérielle）。巴什拉以一种“四元素律”（loi des quatre éléments）来归类四种分别附着于水、空气、土和火等元素的物质想象，相关著作有《火的精神分析》（*La psychanalyse du feu*）、《水与梦》（*L'eau et les rêves*）、《空气与遐思》（*L'air et les songes*）等。

种话语成为可能吗？语言不是始于这一预备性的区域，其中回响着波德莱尔所说的应和吗？原初的词不是潜在地诞生于只创造相似（ressemblance）的对照（rapprochements）中吗？那些日后承载哲学体系的基本论题，是否最初也是如同诗歌般被至高无上地编织，尽管在学派化的过程中，这种诗性的正当性被遗忘了？

在皮卡德《静寂世界》（*Monde du Silence*）一书那些美妙篇章的某一篇中，他向我们描述了悄然流逝的时间，四季节律的无声展开：在其中，事物、生灵、树叶、花朵、水果、色彩，甚至声音，悄然从无声之流逝的裂缝中逸出，突然出现在那里（这关乎的绝不是一种沉重而缓慢的成熟，而是一种创造性的涌现）；在其中，雪——必须想到瑞士的风景——乃是被大地和天空所镶边的可见的静寂。时间的静寂？时间在其无声的流逝中，或许是静寂的诞生之地。但是，人们会质疑，这是何等泛滥的隐喻！多么的武断随意！雪，怎么会是可见的静寂，怎么会是时间流逝之静寂？然而，是谁最先说出时间流逝的？是谁最先命名了时间本身？这不可见的时间，在谁的语言中，得以变得具有实体性？

四

马克斯·皮卡德对现代世界的态度——这个充斥噪音的世界的态度：在他看来，这个由存在者和事物构成的世界，已然失去其面容，现代艺术表达的就是这个世界（加布里埃尔·马塞尔令人叹服地向我们描述过的破碎世界）——皮卡德对这个世界所持的是一种拒绝的态度。这并不令我们感到惊讶。但在马克斯·皮卡德那里，这种对现代世界的拒绝，所采取的形式截然不同于今天已然变成潮流的“对技术说不”（non à la technique），不同于对科技和技术官僚的反对（这种反对恰恰是通过报刊和广播而大肆宣扬的），这种“不”恰恰参与到了它声称要与之决裂的现代世界之中。

皮卡德认为，受人类干预之前的自然，比源自人类活动、不安和骚动的秩序更具人性意义（signification humaine），这种意义（或者这种静寂）对人类是不可或缺的。意义是静寂而非言语（verbe），这或许正是皮卡德的根本直觉（intuition fondamentale）之一。瑞士风景的壮丽，着实使这种反现代主义摆脱了任何乡土主义、保守主义和反动精神的余味；但更重要的是，自然秩序在他这里与面容的秩序、上帝话语的秩序非常接近，这种话语，如果可以这么说，无声回响于这些高地、森林、雪地和湖泊之上。在城市人的流放与被土地和血液所陶醉的异教徒的扎根（enracinement）之间，延展出一片风景，但它绝不是海德格尔式的，而是源自《创世记》的创造之言（verbe créateur）。但皮卡德也在想（在这点上我几乎不敢追随他）：既然如此，又为何要在我的词汇中保留上帝的名字呢？——皮卡德认为，人类可以逃避与恶的共通（communauté avec le mal），这种恶正以暴力威胁着他的静寂与世界。在他去世前的几个月，我收到了一则二十行的小故事，它无疑讲述着皮卡德从我们当中穿行而过的方式：

有人在森林边走着。那里站着谋杀者。过路人没有注意到他，因为他在默念自己的故事。谋杀者无事可为，仿佛受害者的无视将他与罪行的世界隔离开来了，且不给予杀人举动以实施谋杀行为的必要瞬间——谋杀者与受害者共有的瞬间。

仿佛谋杀者和受害者的脉搏永远不会协调一致。在回程中，过路人再次看到谋杀者，他仍然站在森林边，仍旧无法杀害。仿佛在其个人的故事当中（只要不给任何瞬间留下空白），人找到了庇护所，可以远离同时性（contemporanéité）本身。

仿佛在他的内在平和中（只要它有意义），他可以使施暴者的手臂麻痹，让他们的武器从手中掉落。

（张书圣　译　　王嘉军　校）

13

普鲁斯特作品中的他者

杰作的永恒性并不能使它们从时间中逃脱出来。

现实性是无意识且变幻莫测的，它在过去的作品中寻找理由和根基，而这些过去的作品，尽管已完成，却也因此更新了意义，焕发一新且充满生机。普鲁斯特不再属于现在，因为他已经能够引导现在，他能够经历无数次重生的精彩命运。

在 1933 年左右，两次大战期间，被整体的英雄主义、行动和乡村文学风潮所吸引的读者，已经开始遗忘他，他对他们来说意味着什么？他是灵魂微分学的大师，无微不至的心理学家。他是有着难以言喻的节奏的魔术师。他通过语言上的奇迹，重现并重建了在瞬间的弥散中失落了的世界和时间。他被视为弗洛伊德和柏格森的同道——这意味着他已然被经典化——他向批评家们提出了一些无解的影响问题。浸在椴花茶里的玛德琳蛋糕的香味已经弥漫到了布满灰尘的教科书上，已经成为初中生们参加难以预测的毕业会考前需要捡起的敲门砖。

还有作为社会学家的普鲁斯特。他是不住在凡尔赛宫的带着贵族气的新圣西蒙[①]，他是那个风雅而

---

① 这里指的应该是圣西蒙公爵（Saint-Simon，1675—1755），本名路易·德·鲁弗鲁瓦（Louis de Rouvroy）。他是法国政治家、作家，早年从军，1702 年放弃军职；尽管路易十四厌恶此人，但最终还是让他常住凡尔赛宫。路易十四死后，圣西蒙于 1715—1723 年间出任摄政委员会成员。摄政期结束后，圣西蒙退居自己的庄园。

造作的世界的分析者，这一世界被冻结在历史中，被悬挂在比现实本身更固化的习俗中；引人注目的是，这一世界正是通过那些抽象沉思，为其中的居民提供了深刻而戏剧化的处境，以探询人的人性，就像莎士比亚或陀思妥耶夫斯基的作品所展现的那样。

我们没有改变所有这一切。但是曾经让我们惊叹的缜密分析，现在在我们眼中已不再具有自明的价值；普鲁斯特作品中经常加入到分析中的“解释”并不总是令我们信服。毫无疑问，正是针对《追忆似水年华》中所充斥的那些有关灵魂机制的“理论”和推论，萨特在1938年评论道：“普鲁斯特的心理学？它甚至不是柏格森式的，而是里博[①]式的。”这种评价尽管很严厉，但无论如何也反映了普鲁斯特作品的某些方面已经在被它滋养的一代人那里，失去了信誉。

这种失去信誉却可将我们导向本质性的层面。科学家或哲学家的理论与为其论题服务的对象毫无歧义地相关。然而，诗人的理论，如同他所说的一切，则暗含一种暧昧性，因为它所涉及的不是表达对象，

---

① 里博（Thodule Ribot，1839—1916），法国心理学家。曾任巴黎大学、法兰西学院教授。1889年任在巴黎召开的第一届国际心理学会议主席，是法国心理学创始人之一。主要著作有《当代英国心理学》《意志的疾病》《注意心理学》《论创造性想象》《情感的逻辑》等。

而是创造对象的问题。推论，就像图像或符号一样，是为了召唤某种节奏的产生，在这种节奏中，诗人所探究的现实会造就一种神奇的显现。诗人所陈述的事实或错误不能仅通过其自身而被估量。它们是魔法和咒语。在普鲁斯特的心理学中辨认出经验主义心理学的原动力，不是要摧毁普鲁斯特作品的魅惑，而是要让其发挥作用，理论只不过是实现这种魅惑的手段。

显而易见，这种暧昧性正突显了普鲁斯特之诗（poésie）的亮点。尽管事件、人物和事物的轮廓被勾画得很精细，尽管性格特征和类型如浮雕般鲜明，但仍然停留在绝对的不确定性之中。直到最后，我们也不能确知，在这个尽管确实属于我们的世界中（其历史和地理都有明确界定），究竟发生了什么。这是一个永远不会确定的世界，在其中，现实的实现不会以牺牲可能性为代价。这些可能性紧靠着存在之门，就像班柯的幽灵一样，坐在国王的王位上。就像思的后面还有思一样，行动后面也还有行动，带着不可预见的意图，事物后面也还有事物，隐藏于意想不到的视角和维度中。这就是普鲁斯特式世界的真正内化。它并不执着于一种对现实的主观视野，甚至也不执着于事件所对应的内在坐标，这些事件蔑视所有的客观参照系，仿佛是凭空出现的；它也不取决于任何在讽喻、象征和谜语的显现背后所感知到的形而上学基础，相反，它与表象的结构本身有关，这些表象同时既是它们所是之物，又是它们所排除之物的无限可能性。就像灵魂本身一样，它在一个合法性可被公式化和选择已然完成的宇宙中，把自己永恒地逆转成一种“法外之物”，一种矛盾对立的共存可能性（compossibilité），一种对所有选择的废止。我们会惊讶地发现，普鲁斯特的非道德主义在何种程度上，将最疯狂的自由引入了他的宇宙，并将一种限定性（définition）尚未熄灭的可能性之闪光，赋予了那些被限定的对象和存在者。这就好像道德准则比自然法则更严厉地把幻境从世界上驱逐了出去，而魔法则如同一场怪异的巫魔集会，在伦理结束之时开始。在一个回归索多玛和蛾摩拉[①]的世界中，人物最不可思议的变形和演化却是最自然的；看似曾相互排斥的各项之间的关系被建立了起来。一切都令人头晕目眩地充满了可能性。

这种被限定的现实脱离其限定性的运动，构成了贯穿普鲁斯特式现实的神秘本身。这绝对不是一种夜间的神秘，它不把世界延伸到看不见的地方。存在之所以具有超乎其所是的无穷力量，并不源于它承担了一种不可名状的象征功能，也不源于一种使其向生成展开的动力，而是源于在反思性的凝视

① 《圣经》中的两座罪恶之城，也是《追忆似水年华》第四卷的题目，喻指小说中发生的“背德”之事。

之下，它无尽的闪光。现实受益于不可计数的回想。现实的所有尖锐性都维系于这些回想之中。快乐，痛苦，情感（émotion）：在普鲁斯特的作品中，从来不是一些只关乎它们自身的事实。自我（le moi）已经与自身的状态相分离，甚至在它与自身状态常规保持的亲密中，也像一根浸在水里的棍子，在保持完整的同时，似乎又被折断了。从那时起，精神的努力就转向了另一个层面，在这一层面上，自我必须承担那些看似如此天然属于它的东西。在普鲁斯特的作品中，真正的情感总是情感的情感。前者向后者传递它所有的热情，以及所有的担忧。尽管拉舍利耶[①]通过其原则区分了痛苦和对痛苦的反思，前者是痛苦的，而后者只有对错之分，但普鲁斯特式的反思，是由自我和自我的状态之分离所引发的，并通过一种折射赋予了内在生命它独有的声调。就好像自我一直有另一个自我-本身（un autre moi-même）如影随形，并与自我处于无与伦比的友谊中，但也处于生命力图去克服的一种陌生的冰冷中。普鲁斯特作品中的神秘是他者的神秘。

因此，在普鲁斯特的作品中，有着某种文学上独一无二且前所未有的东西。他的分析，即使让人

---

① 拉舍利耶（Jules Lachelier，1832—1918），法国新康德主义哲学家，对柏格森等后世哲学家有重要影响。

想起里博（尽管有萨特的以上说法，但这种情况其实十分少见），也只是在翻译自我和自我之间的陌生感，而这种陌生感正是刺激心灵的源泉。事件在其中发生的那种稀薄的气氛，哪怕对于最平凡的事情，也会赋予其一种贵族气息，并给“我忍受”或“我品尝到一种快乐”这样简单的话语，传达一种非物质的回响，一种罕见而珍贵的社会关系之高贵性的烙印。重要的不是内在事件，而是自我抓住它和被它扰乱的方式，就好像在别人身上遇到它的一样。正是这种抓住事件的方式构成了事件本身。因此，心理生活以一种无法模仿的方式颤动着。在心灵的原动力背后，是自我借以抓取自身的震颤，是自我在自身中与他者的对话，是心灵的心灵。

从这个意义上说，普鲁斯特是社会的诗人，而根本不是风俗的描绘者。对一种情感的反思所激起的情感，完全在这种反思之中。地点和事物通过他者们感染他：通过他的祖母，通过阿尔贝蒂娜，通过他过去的自身。知晓阿尔贝蒂娜正在做什么，阿尔贝蒂娜正在看什么，以及谁正在看阿尔贝蒂娜，其本身并不作为认知而有价值，但由于它在阿尔贝蒂娜那儿的根本陌异性，由于那种嘲弄认知的陌异性，它却是令人无限兴奋的。

阿尔贝蒂娜作为囚徒和消失的故事——普鲁斯特这部如此浩瀚的作品和《追忆似水年华》中整场错综

复杂的探寻都倾注于此——讲述了内心生活的迸发，这种迸发始于对他者既空洞又无尽的他异性之永不满足的好奇。阿尔贝蒂娜的现实，正是她在囚禁中的消逝，一种由虚无构成的现实。尽管她已经消失，却仍是个囚徒，尽管她是个囚徒，却已经消失，尽管她受到了最严格的监视，却仍保留了退隐的空间。普鲁斯特在她死后收集到的有关她的客观事实，并不能消除因她［生前］用谎言掩盖她的逃离而萦绕在她身上的怀疑。当她不再在那里为她的缺场辩护时，当证据充分而没有为怀疑留下余地时，这一怀疑仍然是完整的。阿尔贝蒂娜的虚无揭示了她完全的他异性。死亡，指的是他人的死亡，这与当代哲学的倾向相反，当代哲学关注的是自我的孤独的死亡。唯有他人的死亡，才处于对逝去时间之追寻的交汇点。但是，日常的死亡，以及他人时时刻刻退回自身的死亡，并不会使人陷入一种无法沟通的孤独之中：恰恰相反，是这种死亡滋养了爱情。爱欲，在其本体上的纯粹性中，不需要某种第三项的介入，例如品味一致、志趣相投、心灵契合，而是与那在拒绝中给予自身之物、与作为他人的他人、与神秘的直接联系。

孤独的主题，即个人根本上的不可交流性，出现在现代思想和文学中，成为普世性的博爱 / 兄弟之情的基本障碍。社会主义的感召力在永恒的巴士底狱面前破碎了，在后者当中，我们每个人都是自己的囚徒，当庆典结束，火把熄灭，人群散去时，我们又会回到其中。正如没有受到应有重视的埃斯托尼[①]所描述的各种“孤独”，其中所充满的那种因无法沟通而产生的绝望，标明了所有怜悯、慷慨和爱的限度。归根结底，集体主义也分享着同样的绝望。它寻求一个外在于人们的项，每个人都将以自身名义参与其中，以便融入一个共同体，但这一共同体不可能是面对面（face à face）的。一种理想，一种集体性的表象，一个共同的敌人，都将联合那些不能相互触及、不能相互忍受的个人。

但是，如果交流因此带有失败或非本真的烙印，那是因为人们追求融合。人们出于这样一种观念：二元性必须转化为统一性，社会关系应该在交融中结束。这是这样一种构想的最后遗痕：将存在等同于认知，也就是说，等同于真实的多样性借以最终指向一种单一存在的事件，在这种事件中，我所遭遇的一切都通过一种澄明性的奇迹，如同来自我一样地存有。这是观念论的最后遗痕。交流的失败乃是一种认识的失败。人们没有看到认识的成功恰恰

① 埃斯托尼（Édouard Estaunié，1862—1942），法国小说家，同时也是科学家和工程师。他在其科技著作中提出了“电信”（télécommunication）这一概念，1923 年入选法兰西学院。他的小说热衷于探讨沉默、灵魂、隐秘生活和孤独等主题，代表作品有《烙印》《物品在注视》《隐秘生活》等。

会破坏他人的临近和亲近。这种亲近的意义远不少于同一化，它恰恰打开了社会存在的视域，使得我们友爱和爱之体验的所有盈余得以涌现，并为我们同一性实存的限定性，带来了所有非限定的可能性。

如果爱是一种与他人的融合，是在他者的完美面前的迷狂，或者是因占有而获得的安宁，那么，马塞尔就并不爱阿尔贝蒂娜。明天他就会和那个使他心烦意乱的妙龄女子分手。他将开始他计划已久的那次旅行。马塞尔的爱情叙述中交织着似乎旨在质疑这种爱情之稳固性的自白。但这种非-爱其实才恰恰是爱；与不可把捉之物的争斗，才恰恰是占有；阿尔贝蒂娜的缺场，才恰恰是她的在场。

由此，普鲁斯特笔下的孤独这一主题有了新的意义。其事件性就在于它向交流的翻转。它的绝望是希望之无穷无尽的源泉。在一个把存在之至高点放在统一性里来看待的文明里，这是种矛盾的构想，尽管这文明自埃利亚时代以来已有了进步。但是普鲁斯特最深刻的教诲——如果诗确实包含教诲的话——在于将现实定位于与永远保持为他者之物，与作为缺场和神秘之他者的关系中，在于在“我”（Je）的亲密的内部（intimité）重新发现这种关系，在于开创了一种与巴门尼德彻底决裂的辩证法。

（王嘉军　译　　张书圣　校）

14

神父赫尔曼·利奥·范·布雷达

在德国的国家社会主义如日中天之际，它曾“承诺”了（但今天谁还会相信这点，谁还会愿意忆起这点呢？）将会实现世界性统治，并宣告即将到来一个旨在纯粹而简单地消除（是“**根除**”［*vertilgen*］，而非只是“**扬弃**”［*aufheben*］）前两千年文明的新千年文明。自1933年以来，这一承诺与宣告因为一种既无阻力也无失误地被成功施行的政治，而在大众中，当然也在“知识分子”中，获得了认可。而在1938年，一位年轻的比利时方济各会修士，在“理性”（Raison）似乎已经时日无多之时，竟然能够相信“理性”的重要性，理性其时似乎已经在清点自己所剩不多的时日，它一边清点自己的证据，一边又在遗失它们，然后又在存放胡塞尔手稿的橱柜中寻找新的证据。这些手稿本身正面临着被毁灭的威胁，堆积在埃德蒙德·胡塞尔遗孀空荡荡的房子里，而此处早已被这位哲学家的同事和学生离弃。正是这一点，让人们得以丈量赫尔曼·利奥·范·布雷达[①]神父的清醒、勇气、心灵和哲学精神及理性主

---

① 赫尔曼·利奥·范·布雷达（Herman Leo Van Breda，1911—1974），比利时方济各会修士和哲学家，以其在第二次世界大战期间拯救了胡塞尔档案而闻名于世。他在1938年设法从德国将胡塞尔的手稿和书信带到比利时，并在鲁汶大学建立了胡塞尔档案馆，使得现象学哲学得以延续和传播，也为后续的哲学家如萨特和梅洛-庞蒂等提供了基础文本，推动了20世纪欧陆哲学的发展。

义。去年3月3日[1]，他于鲁汶溘然离世，享年63岁。

世人皆知这些手稿的拯救史。他乐意讲述它，并无得意，但讲述时总是带着他的朋友们再熟悉不过的那种愉快笑声，以至于他们在他讲述这个故事的文章中，都能听到这笑声。这笑声也回荡在他的其他叙述中。他的善良和作为学者的敏锐，总是在这笑声中显现出来，带着一丝因玩弄了魔鬼而快意的农夫的狡黠。

世人亦知，范·布雷达神父基于现象学大师的四万页速记稿，建立了鲁汶大学胡塞尔档案馆：凭借他时刻跃动的思考，凭借看似轻松自如的灵巧，凭借组织者乐观的睿智；凭借透彻掌握浩瀚思想的博学者的笃定学识——整理、分类、拣选、编辑，使之为所有人所用；凭借友善却不失威严的领导风范，统领那些因其卓著的洞察力而网罗来的合作者，而这些人或已成为、或正在成为大师。范·布雷达神父的学识，不仅体现于他1941年完成但始终未出版的博士论文《后期胡塞尔的先验现象学还原》（*Réduction transcendantale phénoménologique du dernier Husserl*，1920—1938）中，也体现于各种散见于期刊的研究和笔记中，还体现于1973年1月在法国哲学协会（Société française de Philosophie）

---

① 1974年3月3日。

举办的讲座中，这次讲座的内容也发表在本期公报[①]上，并且很可能是一个更宏大的计划之开端。其威望和对人的爱，使得范·布雷达神父成功组织了各种国际会谈与学术论坛，并致力于推进思想的间性协调（concordance intersubjective），这种协调对于胡塞尔而言，正意味着真理特有的存在方式。自1952年在布鲁塞尔举行的第一次国际现象学研讨会起，他便展现出这种对促成互相理解的关切（souci d'entente）。法国、英国、荷兰、意大利、瑞士、美国，当然还有比利时，都有代表参加。其中有神父所知的那些并未被任何希特勒主义污染的德国现象学家，如欧根·芬克（Eugen Fink）、路德维希·兰德格雷贝（Ludwig Landgrebe）和马克斯·缪勒（Max Muller）；如果只提及来自法国的哲学家，则还有柯瓦雷（Alexandre Koyré）、梅洛-庞蒂（Maurice Merleau-Ponty）、德·施洛策（Boris de Schloezer）、哈维（Jacques Havet）、利科（Paul Ricœur）、让·瓦尔（Jean Wahl）和埃里克·维伊尔（Eric Weil）。这是一场过早的和解吗？不，这是些彼此从未有过不睦的人。人们都信任范·布雷达神父。就像在1938年不为希特勒胜利的喧嚣所动，

① 即《法国哲学协会公报》（*Bulletin de la Société française de Philosophie*）第67期，1973年出版。

在1940至1944年占领时期保护受迫害者一样，他直至最后都保持着冷静的头脑和现象学的听觉：倾耳任何可疑之事，能够听出话语诱惑中的狼嚎。他的选择可靠稳妥，而他的朋友，也总是他朋友的朋友。他在生命的最后几年中所经历的疾病痛苦和沮丧消沉，也丝毫未曾使他以孤僻厌世之态，影响他对人的敞开。他的朋友们铭记着这些深情厚谊。然而，在墓土未干之际，是否就该踏入回忆之径？追忆他对一桩伟大正义之事业的无比忠诚，以及一项客观可见的壮举，应该就已足够。

在鲁汶这座古老的城市里，深耕中世纪思想的哲学家们，从未想过背对当下现实，而范·布雷达神父则在一个渴望科学和严格正义的世界里，成功地为当今最有价值之物，打开了一扇窗，尽管是以研究和争论的方式。我们已然说过，胡塞尔的现象学确实为当代思想，甚至那些对“超验主体”持怀疑态度的学科与非学科（indiscipline）提供了一种对事物的全新关注，若非如此，那些极具启明性的形式主义（formalisme），只会黯然沦为同义反复。

但范·布雷达神父以某种方式介入了这一哲学的命运本身。他几乎在哲学家本人去世后的第二天，在那个杰出的精神遗产往往随着其创造者离世而会陷入所谓炼狱般沉寂的时期，就给予了它第二次生命。胡塞尔档案馆被构想为生命之源、研究者的集结地（在鲁汶，以及其他由鲁汶主导的大学研究中心）、超越学派之争的家园、一整套工作规划，以及胡塞尔著作的研究性编订本和现象学研究著作的出版中心（由海牙的马蒂努斯·奈霍夫［Martinus Nijhoff］出版社精编出版的《胡塞尔选集》［*Husserliana*］和《现象学研究丛书》［*Phaenomenologica*］）。

此外，范·布雷达神父还让胡塞尔早年思想中那些犹豫不决的部分重见天日。那些被发现的手稿——它们已然是完整的书稿，但胡塞尔却怀着一种终极的、无法逾越的、神秘莫测的谨慎，拒绝付梓（尤其是《观念II》和《观念III》）——如今骤然问世，为胡塞尔已出版的作品投射新的光芒，抑或也带来了新的谜团。最后，这位胡塞尔档案馆的创始人和馆长，通过出版胡塞尔仍在纸上进行尝试的思想的讲稿或笔记，或者以打字誊写的方式将其公开，使得胡塞尔思想的探索阶段摆脱了隐秘状态。这些"思想草稿"与那些迟来的"受阻之书"，如同浓密的大气层或巨大的光晕，环绕着哲学家生前已面世的著作。胡塞尔在《现象学心理学》（*La Psychologie phénoménologique*）中写道，"世界之球似乎漂浮在一种主观的介质中”（第 149 页）[1]。胡塞尔哲学通过范·布雷达的工作从未刊稿中浮现的方式，恰似这种先验哲学本身在一个于 1938 年离世的意识中，进行的先验构造（constitution transcendantale）。现象学在西方思想中所代表的决定性时刻，因它对（它向我们的现代性揭示的）意义之未言之处（le non-dit du sens）保持开放，而显得可敬。

（张书圣　译　　王嘉军　校）

① 见 *La Psychologie phénoménologique*（《现象学心理学》），in *Gesammelte Werke*, vol. 9, The Hague: Martinus Nijhoff, 1962。

15

让·瓦尔和感情（sentiment）

感性（sensibilité）在当代思想中享有一种新的声望。它不再是一种注定会导向谬误和幻觉的懵懂思想，甚至也不再是通向理性知识的简单跳板。在柏格森的影响下，尤其是在现象学的影响下，我们在感性中发现了一种它独有的深度和智慧。任何一种智性的构造都会从（它声称超离的）感性的经验中获得其构筑上的风格和尺度本身。我们应该回到这种原初体验，回到这种“先于述谓”（pré-prédicative）的底层结构。

经验主义在其中确实获得了认可，但这涉及的是一种全新的经验主义。感性不只是单纯地记录事实，它还为被经验的存在勾画出了如同“公民身份”和形而上学命运之类的东西。诸感觉有了一种意义[①]。精神上最至高无上的作品，都带有它们不可磨灭的印迹。我们几乎可以像胡塞尔那样，使用康德的术语“先验美学 / 感性学”［来描述它们］。可以说，对当代人来说，感性的超验功能就在于通过诸感觉（sensation）的内容本身中纵横交错的线条，编织出外在于空间和时间的纯粹形式。在康德主义中，空间和时间形式指示现象客体的方式，与前-述谓经验之现象学使得科学宇宙变得可理解的方式，

---

① 这里的感觉和意义所用的词语均是 sens，在法语中，该词包含这两种意义。

极为相似。我们刚才提到的感性之恢复名誉，可以最终追溯到康德。纯粹的感性——这正是他的发现。

这种对感性的重视，也唤起和复苏了许多回忆。反智主义主题似乎又钟摆摆动式地复归了。让·瓦尔的形而上学论述[①]，通常带有学述体（doxographie）[②]的谨慎，回顾了所有这些哲学主题，但行文最后还是会回到感觉行为和感情。它仅仅指示一个已经被多次经历的时刻吗？难道他不是在哲学史悬而未决地面对的那些永恒选择中，在其中一种选择的诸项之间，做出了主观的选择吗？这是智性的危机？它并不比感情的危机更严重。不过，瓦尔深知这一点，因为他读过所有这些书，也知晓哲学中所有这些被认为有效（有时甚至是无效）的言论。

拒绝体系，求助于直觉的灵光乍现和感情的厚重，是否证明了一个才五十年便已奄奄一息，走向一种静寂的世纪的终结？在那种静寂中，死水般不祥的沉默与不可言喻之物混合在一起。这是某个社

---

① 让·瓦尔：《形而上学论》（*Traité de Métaphysique*），普隆（Plon）图书出版公司。——原注

② 由德国古典学者赫尔曼·亚历山大·迪尔斯（Hermann Alexander Diels）创造的一个概念，描述一种学问或文体，这种文体会在系统性地梳理评论前人思想的基础上提出自己的观点，西塞罗、第欧根尼·拉尔修（Diogenes Laertius）、亚历山大里亚的克雷芒（Clement of Alexandria）都被视为运用这种文体的代表，柏拉图和亚里士多德的有些著作也被视为具有这一特征。

会阶级的紊乱？还是某个世界的终结？但是，试图在话语背后寻找作者隐秘的痛苦，以及寻找在他不知情的情况下腐蚀他的社会疾病的做法，也导致了沉默。它会把所有言说，甚至是解释症候之人的言说，都归结为症候。事实上，在瓦尔笔下，感情在其形而上学的每一章结尾都会复归，都呈现为一种新的灵性生活的源泉。这些书页所证明的并不是怀疑主义，尽管它们如此谨慎。这部形而上学总论具有一种教科书般的价值，它以一种敏锐的方式进行阐述，这种敏锐性与它所使用的语言之简洁性相得益彰（例如那些与康德的实存概念相关的段落），除此之外，这部作品的重要性还在于它所处理的问题。它并不会因为它更**偏好**一种哲学流派而非另一种，而对我们施加影响；它回应了一种似乎被历史所导致的折磨，即人类被一种普遍性所异化，而这种普遍性从我们文明的拂晓开始，本就应该保证人类的人性。

欧洲人不相信人的实体（substance）。一个没有任何外部、茕茕孑立的穷人（homme pauvre），也就是个可怜人（pauvre homme）。不幸是实体变得一无所有（n'être rien）的一种方式。他［欧洲人］的至高的作品——广阔、开放、包容的生活——是在超越中完成的。对他来说，与其说存在的价值在于它不变的稳定性，不如说更在于它的外部性。自我的主权是一种隶属。对自身的占有是通过对各元素的支配，通过所有权/财产（propriété）[1]，通过被他人承认，通过友爱，通过服务，通过周到而实现的。那些本来应该违背其掌控的欲望，却提升了他。对他而言，外部性不仅提供了满足欲望之物；他**渴求**的，却是那向他开启外部性的欲望。欲望是幸福的源泉，是逾越实存之实存的源泉，而不仅仅是一种单纯的缺乏，单纯的空虚。对生命的渴望使人的实存增殖，并得到确认。“人间食粮”[2]能够实现和升华［这一实存］。欧洲的实存，即使在其作为最为敌视世界的形式之下，也未曾想通过穷困和掠夺来克服那些折磨人和奴役人的欲望。它用真实的欲望取代了虚假的欲望。与传到它这里的那些亚洲智慧的回声相反，它通过满足欲望来克制欲望。禁欲主义本身，最初是用来塑造运动员的，它总是为了某种胜利和未来的荣誉而践行。毕竟，奢侈生活中的矛盾和痛楚，总比贫穷中的没落更有价值。亚里士多德为自由人的幸福所要求的最低限度的物质财富，是以设定自由之人与心满意足之人相等同为前提的。早在马克思之前，西方的道德思想就已经是

① 如在《雅克·德里达：全然别样》一文中所注，该词也有“自身性”的意涵。

② 法国作家安德烈·纪德创作的散文集书名，又被翻译成“地粮”，列维纳斯经常使用这一概念。

唯物主义和现实主义的了。

事实上，这与唯物主义无关。欧洲人在外部性中寻找立足点。在欲望中，他以存在滋养自己，但一旦满足，便立即与之脱离。他需要比欲望的短暂满足更深地植根于存在，他需要一种与外部性的关系，通过这种关系，而不是通过食物，外部性才与他转瞬即逝的实体融合在一起。这种与外部存在的关系，就是占有，通过这种关系，外部存在以一种持久的方式与主体的实体融合在一起。必须占有那在手中所持之外的东西，那在每时每刻所消耗与使用之外的东西。一种星体般的身体，由人类占有的一切所构成，延展了生物性身体。［人是］政治的动物！[1] 人们需要一个社会，一个国家，一种法律，以在这一无形的身体中确认人的真实表象。因此，所有权不应被视为对明日之未卜的保障。在欧洲人一直忠爱的所有权中，存在着一种与单纯需要不同的原初倾向。首要的被欲求之物不是被占有的对象，而是对对象的占有。这就是为什么生活不仅仅是渴望自身的需要得到保障。欲望的最终目的发生了移位，占有对象比享受对象更重要，财富因为财富本身而被爱。贪财和吝啬由此变得可能，我们热爱金钱。在金钱中，我对世界的归属和世界对我的归属被混

① 亚里士多德在《政治学》中对人的经典定义。

为一谈。金钱是一种我可以隐藏的手持所有权；它与我的秘密有关，它是我的神秘，它融入了我最内在的存在。柏拉图在《理想国》中将金钱简化为对快乐的热爱，这忽略了其形而上学的本质：在欧洲，贫穷与财富最终衡量的是虚无与存在。

通过掌控万物来掌控自己，这一观念铭刻在欧洲思想之中。所有的哲学都是柏拉图式的。通过分有位于**那边**（*là-bas*）的理念，生成才可能趋向于一种微弱的实存。从柏拉图到黑格尔，再到海德格尔，思想家只有完成一个使他远离自己的伟大行程，才能找到自己。他在他的客观概念，他的行动，他的历史功效，他的普遍性运作中抓住自身。他通过国家（l'État）而**是/存在**（*est*）。而其余的一切都是动物学。自我在一种总体性内部自我决定，在忘记自身独特性（unicité）的同时成为自己。这是个体的独特性，饥饿的独特性，需要的独特性，爱（贫乏和富足的孩子）[①]的独特性。

每当生命蜕变为超越了它的理念，并失去了其即时的敏锐性和对存在的感情，对哲学重智主义的批评就会嵌入让·瓦尔的论述中。“我们必须与事物之中实质性的东西进行实质性的交流。”（73）“作

① 柏拉图《会饮篇》中曾记述爱欲是由贫乏神和富足神结合所生。

为思之对象的实体只能是相对的。”（72）

这种关乎感情的观念，在许多关键方面重返了柏格森的直觉观。但我们成为柏格森主义者的方式取决于被我们视作斯宾塞①的思想家是谁。很明显，瓦尔的这位思想家是黑格尔。我们在瓦尔的作品中到处都能感觉到他的存在，亦敌亦友。“对我们来说，哲学就是对即时性/无媒介性（l'immédiat）的探索”，让·瓦尔反复强调。但无论对柏格森还是瓦尔来说，即时性都不持有一种形式意义，就好像一种朝向即时性的方法，会揭示绵延（durée）这一事实一般。走向即时性，意味着已经生成和持续（durer）。在这里，这一方法已经是它所寻求的存在的成果。对瓦尔来说，迈向即时性的运动，并不止步于生成。在他那里，即时性已经成为一种主体性的颤动，一种向绝对内部性的沉降。这里有一个关于这种内在历程的例子：“在其本身中被看到，或者更确切地说，被感受到的性质，就是内部性；从外部的内部性，例如颜色的内部性，到内部的内

① 英国哲学家、社会学家、教育家，他把进化论、适者生存等概念应用在社会学上，尤其是教育及阶级斗争中，被誉为“社会达尔文主义之父”。柏格森的“创造进化论”“生命演化论”受到了斯宾塞等进化论者的影响，但他的唯意志论哲学显然跟斯宾塞的实证主义处于两极。因此，列维纳斯这里的意思大概是斯宾塞是柏格森与历史和现实之间的连接点。

部性，也即思的内部性，再从这种内部的内部性，到作为其起源的更内在的内部性，我们总是在进行一种朝着不可言喻之物的沉降，或者也可能是上升的运动。”（277）

感情所吸引瓦尔的，与其说是其情感性（affective）的热烈，不如说是某种暴力和强度。感情，乃是激烈的、浓稠的、不透明的、晦暗的（69、259、267和其他地方）“盲目而赤裸裸的接触”。它被描述为一种颤抖，一种战栗，一种痉挛。仿佛感情的强度比其程度更能构成其内容；仿佛感情的本质可以归结为这种张力、这种收缩，在其中，我们突然发现了存在朝向其内部性的运动，突然发现了它向自身的沉降，一种极端对立于超越的运动：感情不是在普遍中迷失自身再回归自身，而是绷紧于自身，从而肯定人的内部实体或存在的个人化结构。这是与海德格尔相反的感情哲学。这种感情表明的并非我们在世界中在场，并被其自身的虚无所困扰，而是表明了我们沉降至自身和聚焦于自身的方式。

由于这种收缩和内化的运动，存在才成为生命。那在语言中显露的矛盾之物，感情却又在它的张力中使其统一，例如，有限和无限（635）以及所有的二律背反项。它们在感情中的统一，不会由于它们潜在的矛盾而削弱感情，反倒由于它们的张力使感情的真实性得到印证。瓦尔喜欢引用赫拉克利特的话，他把生命比作绷紧的弓。生命不是自我超越，而是被转向了“一种在此世的未来生命”（357）。它不是通过承载其真正本质的理念和运作，就能从外部被把捉的。因为，这种放松会导致生命失去存在。“战胜身体的，依然是身体。”（367）感性的生命，尽管被轻率地称为动物性的，却是外部性，例如观念、国家和文明，保持为活生生的现实所必需的。

意识这种卓越的智性行为，就是放松。这是一种“自身与自身之关联中的距离”（700），意识已经将自身与存在之炉火和它的燃烧相分离，它希望通过光明但寒冷的反射来重获这种燃烧。“任何智性哲学所固有的”和“我们必须不顾一切与之斗争”的柏拉图式倾向（389），难道不在于将可理解之物假定为绝对，并使构想它的活生生的智性隶属于它，从而在光的明澈中寻找火炙热的原因吗？

作为矛盾之间的张力而非它们的调和，作为在生成和爱之前的张力，作为在生成和爱之中的张力，对感情的即时意识，是否必然会唤起幼年的生活，唤起一种发乎天性的生活所醉心追求的已然失落的乐园？事实上，对于瓦尔来说，它是成年的，带着我们文明所有的成熟。这种生活的紧张状况，回荡着我们遥远的奥德赛历险，我们的外部命运的回声和预感。“在我们之内有这一感情区域，通过它我们可以把捉被感觉的实体，可以与万物相接合。”（180）但这是一种情感上的扩张，也就是说，它与我们的出发点密不可分。“有一些情感术语，通过它们，我们能够重获原初体验。”

这种经验并不意味着进入永恒理念或非个人化历史的冰冷世界。在这一经验中，世界作为被经验者而重现，而不自诩为人之实存辩护的终极权威。这就是这一神秘表述的意义之所在：朝向内在性（l'immanence）去超越超越性。

“哲学家是否有力量最终超越超越性本身，并英勇地坠入内在性，而不让他那超越性的努力失去价值？”——这便是针对那些读过黑格尔的老派文明人的反智性主义。但是，人们将寻求把“在其原初特性中再度出现的起点”（721）当作冒险的终点。为了拒绝理念的冒险，战争和占有的冒险，金钱和政治的冒险——这些冒险是我们在大写存在中存在的基础，但也是其异化——感情在其“碎片化”“独异脉动”（pulsations singulières）的辩证法中，遵循一种“不会使我们的世界观更加丰富的纯粹质料的逻辑”，将把我们引向“与他者（l'Autre）赤裸裸而盲目的接触”（702）——赤裸裸而盲目的接触以及不追求丰富这一观点，是一种犬儒主义观点的复归。

通过用感情来代替概念，瓦尔对抗了从柏拉图到现象学，途经黑格尔和马克思的整个传统形而上学。他主张人要摆脱文明和非即时性 / 媒介性（médiat）[①]的束缚。海德格尔式的存在就像柏拉图的理念和黑格尔的观念一样，将人类存在者悬挂于一种超越性，如同俄罗斯民间故事中的巨人一般，他的心脏在远方跳动。通过文明的存续（Existant），自我变成了概念。犬儒主义拒绝从其工作和手工制品的功能，从事物和用具的功能出发来考量人。人不等于他所做的事情，他也与他所留下的遗产不同，从这个意义上说，人更接近自然，而非社会。这种亲缘关系（parenté）与铭刻在我们文明伟大的智性和经济传统中的亲缘关系不同。“**长青哲学**（*la philosophie perennis*）[②]的传统可能已经把人性的一些基本特征抛在了背景之中，这在某种程度上摧毁了我们与万物的亲缘感情，而诗更好地保存了这种感情”（6），让・瓦尔在他书的开篇写道。第欧根尼在事物的废

---

① 与即时性 / 无媒介性（l'immédiat）这一概念相对，这一概念也同时包含了非即时性、媒介性两层意思。

② 长青哲学，也被称作长青主义，它认为世界上的各个宗教传统都共有一个单一的、形而上的真理或起源，所有深奥的宗教知识与教义都是在这一基础上的发展。长青哲学源于文艺复兴时期对新柏拉图主义及其统一的思想的兴趣，认为一切存在都源于“一”。

墟中寻找人。他的提灯照亮了我们壁橱、图书馆、阁楼和博物馆中的堆积物。

在理念和人类工作的领域为自己寻找一个**外边**（*dehors*）的家园，归根结底只有作为感情生活才能够成立。“理念只有在不再成为理念时才有效。”（268）辩证法的价值不在于它的综合，而在于它的情感性本质，在于它的戏剧性：在感情的收缩本身中，通过所有的调和，与真实的即时/直接接触得以实现，这是“一种与他者赤裸裸而盲目的接触”。真理不再构成于追随投射在理念的地平线上的自身之影；不再构成于将之等同于其概念或产品，等同于我们所穿的制服，等同于我们不顾自身而扮演的客观角色，等同于我们的社会效能，等同于我们的财富或职业，等同于精神分析师、哲学家或后代眼里的我们。将真理解释为一种感情，意味着在我们自身中重新发现我们的存在，重新夺回那颗心脏——在俄罗斯民间传说中，一位据称不朽的巨人，曾享有特权，轻狂鲁莽地将其藏于身体之外。

或许，思想若与哲学一起，回归感情中诸理念的晦涩来源，并不会比跟随清晰理念的运动，直至一种启示录式的阴郁前景，更加矛盾，在这种前景中，源于清晰思想的现代技术，正威胁毁灭人性及其思想。面朝公共生活的光亮，私人的梦想和危机像影子一样消散了，面朝历史，自我只是作为概念被铭刻于其中。然而，仍有必要唤回活生生的人、有感觉的人的真理，使犬儒主义的最高教义获得新生。人与其工作和工具并不相契，也不相契于他将留下的遗产。通过他的作品和他的工具，他肯定越来越符合人们可以针对他而使用的那种非个人化和连贯的话语。但只有当他死了，他才会与这一话语完全相契。

（王嘉军　译　　张书圣　校）

16

无　名

战争结束以来，鲜血从未停止流淌。种族主义、帝国主义与剥削依旧无情。国家和人民陷入仇恨与蔑视之中，惧怕不幸与毁灭。

但受害者至少知道该把他们渐趋熄灭的目光投向何方。他们所处的荒芜空间，仍属于某个世界。当下，一种毋庸置疑的观点，一些无可争议的制度，以及一种“正义”（Justice）再度存在。在论说、著述和学院里，善（bien）已成为所有维度的“善”（Bien），恶（mal）已成为所有时代的“恶”（Mal）。暴力不再敢说出自己的名字。1940 至 1945 年间的独特之处在于：遗弃。人们总是孤独地死去，在任何地方，不幸的人都充满绝望。而在孤独者和绝望者之间，遭受不义（injustice）的受害者无论何时何地都是最悲痛最孤独的。然而，在一个因希特勒的胜利而备受质疑的世界里，在一个“恶”不需要谎言就能确保其卓越地位的世界里，谁会去言说那些死去的受害者的孤独呢？在一个判断摇摆于善恶之间，只能在主观良知的褶皱处找到标准，而外部却不提供任何征兆的时代，谁会去言说那些认为自己正与“正义”同时消亡的人的孤独呢？

这是制度的空位期或其终结，或者就好像存在本身被中止了。再没有什么是官方的了。再没有什么是客观的。没有任何关于人权的宣言。没有任何“左翼知识分子的抗议”！没有任何祖国，整个法国停摆！所有教会都沉默！一切情谊皆有危险。这就是《耶利米哀歌》第一章所说的“狭窄之地”：“无人安慰！”以及赎罪日仪式的怨诉：“**没有大祭司献祭，也没有祭坛供奉我们的全燔祭！**”

二十五年以来，我们的生活停滞了，毫无疑问，历史本身也如此。再也没有任何尺度来约束那些无度之事。当人们在记忆中有这颗肿瘤时，二十年也无法改变任何事。毋庸置疑，死亡将很快抹消这种从600万死者中幸存下来的不正当的特权。但是，如果在这种宽限期内，生活的事务与消遣重新填充了生活；如果所有被贬低的，或者说远古的（antédiluviennes）价值重新开始生效；如果那些我们认为已然长久消失的语词再次出现在报纸和书籍中；如果许多已被取消的权利再次获得了制度和公共权力的保护——那么，这一切仍旧无法填补，甚或掩盖这个张开的深渊。我们依旧不时地从日常琐事的隐秘角落中回到这儿，而在其边缘，攫住我们的那种眩晕感，始终如初。

是否应该固执地将记忆（mémoire）未受其自身缅怀（souvenir）损害的人性，带入这种眩晕之中呢？而我们的那些出生于“解放”后，已然属于这种人性的孩子，又将如何呢？他们能理解这种混乱而空虚的感觉吗？

除了关于一切都在其中被消耗的“激情/受难”

（Passion）这种无法传达的情绪之外，还有什么应该而且能够在二十年后以教育的形式传承下去呢？再次回顾犹太人的艰难命运和我们倔强的脖颈？需要苛求一种没有激情没有时效的正义，并且警惕一种单凭制度和技术来决定进步的人性吗？当然。但或许我们可以从集中营的经历中，从使这种经历无处不在的犹太人的地下状态（clandestinité）中，得出新一代人所必需的、可传承的三条真理。

为了人道地生活，人们需要的东西远远少于他们所生活的璀璨文明所提供的一切——这便是第一条真理。我们可以不需要饮食和休憩，不需要笑容和个人用品，不需要体面和转动房间钥匙的权利，不需要画作和朋友，不需要风景和因病免除服役，不需要每日自省和忏悔。不需要有帝国、紫袍、教堂、科学院、圆形剧场、战车、骏马——这本就是我们犹太人古已有之的经验。在 1939 至 1945 年间，所有这些形式的迅速消退，比任何其他症候都更能说明，我们的同化（assimilation）是多么脆弱。在这个战火纷飞、忘却战争规则的世界里，所有那些自我们进入城邦以来似乎不可或缺的东西，其相对性突然都暴露无遗。我们回到了荒漠，回到了一个没有风景的空间，或者说回到了一个为了容纳我们而量身制作的空间——如同坟墓一般；我们回到了容器式空间（espace-réceptacle）。犹太居民区亦是如此，它并不仅仅是与世隔绝。

但是，第二条真理（它同样与一种古老的确定性和古老的希望相呼应）：在许多价值的失效开始显露的关键时刻，人类的全部尊严，便在于相信这些价值终将回归。当“一切皆被允许”时，最高的职责，便在于已然感到要对那些和平的价值担起责任。别在战火纷飞的世界中，下结论说战争德行（vertus）才是唯一确定的；别在悲剧性境遇中，将死亡和绝望的杀戮奉为男子气概（vertus viriles）；危险地活着，仅仅只是为了脱离危险，并最终回到葡萄树和无花果树的树荫下[①]。

但是——第三条真理——从今往后，我们必须在文明和同化不可避免的重启中，教导新一代人拥有在孤立中变得坚强的必要力量，并知晓一颗脆弱的良心在孤立中被吁求去承受的一切。我们必须——回想那些犹太的、非犹太的，甚至互不相识也未曾谋面，在全然的混乱中仍表现得好似世界并未解体的人，回想游击队[②]的抵抗，那正是除了自身的确定性和内在性（intimité）以外，别无来源的抵抗——我们必须通过这些缅怀，为通向犹太文本，开辟新

① 此处呼应的是《圣经·弥迦书》4：4：“各人都要坐在自己的葡萄树和无花果树下，无人惊吓他们……”

② 指第二次世界大战期间法国的抗德游击队。

的道路，并归还给内在生活（vie intérieure）一种新的特权。**内在生活，面对**如此多的现实主义和客观主义，我们几乎羞于说出这个微不足道的词。

犹太境况

当庙宇巍然屹立，当旗帜在宫殿上空飘扬，当地方官们系上他们的绶带——颅内的风暴不会造成任何沉船之险。这也许不过是世界的微风，在那些深深驻扎在自己避风港的灵魂四周，激起的涟漪。真正的内在生活，并不是一种我们于安稳世界中产生的虔诚的或革命性的思想，而是这样一种义务：在向八面来风敞开的意识茅屋（cabane de la conscience）中，庇护整个人类之人性。当然，为了风暴而追求风暴，好似“风暴中驻有安宁”（莱蒙托夫语）是疯狂的。但安顿下来的人性，随时可能陷入危险的境地，在这境地中，其道德被完全纳入一个“内心深处”（for intérieur）之中，其尊严则任凭一个主观声音的低语摆布，而不再在任何客观秩序中反思自我或确认自我——这便是人类荣誉所系之风险。**但或许这种风险正是这一事实所意味的：犹太境况构成于人性中。**犹太教，就是濒临没有制度依托的道德边缘的人性。

我们并不是说犹太境况本身也能成为抵御这种风险的保障。犹太民族如所有民族一般，也渴望将其良知的声音镌刻在不朽的文明中；但它比别的民族更古老，更富怀疑精神，更具探索欲，它先于其他民族叩问这些声音是否已经是过往历史秩序的一种回声；如所有其他民族一样，它也渴求幸福，眷恋生活的甜蜜。但是，出于一种诡异的拣选，这一民族被如此规定和跻身于诸民族之间（这是形而上学的宿命，还是社会学的处境呢？），以至于日复一日毫无预兆地遭受流亡、荒漠、犹太隔离区、集中营的蹂躏，生活的所有光彩如同破衣烂衫般被一扫而空，圣殿陷入火海，先知们失去远见，退守于一种与世界相悖的内在道德观念（moralité intérieure）。这个民族即便在太平时期，也会招致反犹言论，因为这是一个能在这种言论中察觉到常人听不到的嘶嚷的民族。此刻，寒风已经吹过尚存体面或奢华的厅堂，撕下挂毯和画作，吹熄灯光，劈开墙壁，扯碎衣物，带来冷酷的人群之呼喊和叫嚣。这种绝无仅有的反犹言语（Verbe antisémite），岂是寻常的侮辱？这是灭绝性的言语，以“存在”荣耀自身的“善”，借此返回至虚妄之中，蜷缩进冰封战栗的主观性观念深处。正是借由这一被选中来倾听它的民族，［反犹话语］向全人类揭露了一种任何其他话语都无法涉及的虚无主义劫掠。这种拣选，无疑是一种灾难。

然而，这种人类道德如同历经千载而重回母体的境况，以一种十分古老的证词，印证了其在文明这一边的起源（origine d’en deçà les civilisations）。这一道德使文明得以可能，它呼吁文明，激发文明，欢庆文明并赐福文明，但这种道德只有持留于良心的脆弱性中，持留于“哈拉卡的四肘”[①]中，持留于这不稳定而神圣的居所中，才能试炼自身并证明自身。

（张书圣　译　　王嘉军　校）

① “哈拉卡”是犹太教口传律法的统称。一肘是一个古老的长度单位，大约相当于45厘米。“哈拉卡的四肘”象征着犹太法律的严格限制和详细规定，表明犹太传统中遵循戒律和宗教实践所需的严谨和精确性，同时也喻指由犹太律法所构筑的精神世界。

17

论布朗肖

诗人的目光

一　无神论与非人本主义

莫里斯·布朗肖对艺术和文学的反思具有至高的野心。他在其最新的作品[①]中奉献的关于荷尔德林、马拉美、里尔克、卡夫卡和勒内·夏尔的阐释比绝大多数强有力的批评钻研得还要深。事实上，这本书的定位超出了所有的批评和所有的阐释。

但它不倾向于哲学。这并不是说它的意图低于这样一个标准，而是布朗肖没有在哲学中看到终极的可能性；而且，他也没有在哲学本身之中——在“我能”（je peux）之中——看到人的限度。似乎所有人都认为这个世纪是哲学的终结！这既包括那些想建立——进行改造，而不只是理解——一个更好的世界的人，也包括那些与之相对，随同海德格尔返

① 1955 年出版的《文学空间》。——原注

回“存在的真理”，迎接让智慧之爱及其学科细分黯然无色的曙光[①]的人。当代思想为我们保留了一种非人本主义的无神论的惊奇：诸神已死或已从世界中隐退，具体的甚至理性的人，也不能包纳宇宙。在所有那些超离形而上学的书中，我们目睹了一种不服从也不忠实于任何人的服从和忠诚，正受到称颂。诸神的缺席变成了一种不确定的在场。一种奇怪的虚无，它不保持静止，而是“虚无化着”。沉默被赋予了言语，甚至是本质的言语。中性没有面容，用布朗肖的话说，就是“没有形貌”，哪怕有一道黑暗的光从其无名的、持续不断的涡流中射出。对新黑格尔主义者来说，正如对黑格尔来说，人的个体——在直接性（l'immédiat）之中意识到自身的活生生的主体性——无法反思到绝对（l'absolu）。历史现实诚然是理性，但这样的理性并不在它克制意志和激情的那个瞬间发光。它在事后照耀。滞后的显明：这或许就是对辩证法的定义。密涅瓦的猫头鹰直到黄昏才展开它的翅膀。——对海德格尔来说，存在，在他赋予的动词意义上，不同于存在者（但在法国，每个人都知道这一区分），乃是万物和人的尺度。人或应答或不应答它的召唤。但这召唤并

① 参见海德格尔的《关于人道主义的书信》（*Brief über den »Humanismus«*）的结尾。——原注

非来自某一个人。它来自不是一个存在者的存在，来自虚无的磷光，更确切地说，来自光亮，在其中持续着虚无和存在的潮起潮落。主体性的意义并不来自自身，而是来自这片磷光，来自存在的真理。早在亚里士多德那里，西方形而上学就已经遗忘了存在的真理，形成了“世界的图像”并走向技术的统治。但这一切——主体，存在之真理的遗忘，形而上学，世界图像，技术——并非人的过失或任性，而是反映了存在的真理及其迫切要求，人的天职本身就在于守护这个真理，也就是说，保持警觉和专注。历史，当它对人提出要求时，也取决于存在的闪光。

二　白日与黑夜

我们已经提到了布朗肖的思想运行于其中的这些主题。[在布朗肖的思想中，]有一个“不轻易言说”的黑格尔，他宣告了一种因劳作和政治而理性化了的现实，这些都是被布朗肖归于白日范畴的行为。白日是**世界**[①]、**权力和行动**，它包含了人的全部广延性。然而，艺术并不被包含其中，它属于另一个空

① 本文所有原文中的首字母大写词语都用黑体标注，楷体标注的则是原文斜体强调处。——编注

间，属于**黑夜**。但首要的是，这里还有一个海德格尔，晚期海德格尔。

可以更坦率地说，布朗肖早期论艺术和文学之本质的那些通向**文学空间**的文章出现时，晚期海德格尔还完全不为法国的海德格尔主义者所知。同德国哲学家的邻近可以通过各种路径被感知到，包括布朗肖选择里尔克和荷尔德林的文本来评论，以及，他运用分析程式的——往往高超的——手法具有现象学的特点（虽然这些或许回到了黑格尔），其中，诸概念不可还原的面貌反映了通向它的路线的独创性。存在者和存在被区分开来，虽然布朗肖思考的是马拉美——他在小小的“这是……”（c'est...）一语中看到了一种神秘和一种有待完成的使命，但是（*être*）这个词被提出的语气是海德格尔式的。

布朗肖把艺术作品、诗歌置于**白日**的领域之外。在他看来，介入艺术（art engagé）这一观念无法成立，原因很简单，艺术在历史上的影响微不足道，而海报、报纸文章和科学论文比诗歌更好地服务于历史。但艺术之所以不同于**世界**、**统治**、**历史**，不在于唯美主义的漠然仪式，不在于盲目的理智所无法认识到的世界背后的世界幻象，也不在于对观念的感性揭示，而且在这个意义上，在一个观念已通过劳动得到实现的年代，这样的揭示是过去的、过时的。但是，当我们把作品置于**有用性**之外时，实际上什么都没有说：这种把真实变成一件艺术作品的“升华”体现在何处？布朗肖认为，文学陌异于**世界**和后面的诸世界；它预设了诗人的目光，那是一种原初的体验，并且是在原初一词的两个意义上：既是一种基础性的体验，也是一种起源性的体验。艺术对事物的一切“漠然”已经是那样的体验了。我们既没有通过对真实的简单中性化而从事物走向诗歌形象，也没有通过缩减而从日常语言走向构成诗歌的语言形象。根据布朗肖的说法，为了让事物能够被察觉为形象，让语言被察觉为诗歌，一种先行的超越性（虽然他没有使用这个术语）是必要的。在这个意义上，形象先于知觉。那么，这种超越性的目光究竟是什么？

著名的沉思并没有解除施加给物之世界的魔法。借由自身的显现，那最为陌异、最为古怪的事物已在其服从我的时候，为权力（*pouvoir*）提供了一个立足点。思想所孕育的、想象所投射的、直觉所推测的无数世界，实际上构成的只是一个世界——不管触及这些世界的感觉和知识的超越性多么具有心灵感应或形而上学的特点。距离不会毁灭世界。不论怎样大胆和新颖，真理都把我们的自我主权和**世界**视野留给了我们。

真理通向历史，通向人的一切问题在人的层面上的解决。如同大众宗教，它把一切此岸的形式都带到了它的彼岸。它逃离生命，又奔向生命，就像在伊本·加比罗尔的著名文本中，人在上帝之中躲避上帝。如何才能逃出**世界**？**他者**（l’Autre）——扬克列维奇所谓的绝对他者（*absolument autre*）和布朗肖所谓的“外部的永恒流淌”（ruissellement éternel du dehors）[①]——如何才能显现？也就是说，如何能够为某人而存在，却不通过将自身献给目光的方式，而丧失他异性（altérité）和外部性（extériorité）？如何才能有无权力的显现？

三　无人称的言语与缺席的在场

对于不顾其揭示而保持为他者的东西，其揭示的模式不是思想，而是诗歌的语言。根据布朗肖的分析，它的特权不在于引导我们超越知识。它不是心灵感应，外部不是远方。它是在一切真实被否认的时候出现的——虽然是以独一的方式出现——这是一种非现实的实现。它的存在方式——它的性质——就体现为呈现而不被给予，体现为不把自身

① 布朗肖：《文学空间》，顾嘉琛译，北京：商务印书馆，2003年，第71页（“艺术家，即卡夫卡愿意成为的那种人，关注着自己的艺术并寻求艺术的本源，这‘诗人’正是这样的人，对他来说甚至连一个世界也不存在，因为对他来说只有外部，只有外部的永恒流淌。”）。译文有所改动。

交给权力（因为否定已是人的终极权力），体现为权力所无法攫住的不可能之领域，体现为犹如对揭示者的一种永恒摒弃。由此，对一个凝视着不可能之物的人来说，就有一种本质性的孤独，一种无法用世界之中的任何孤立和离弃的感受（不管是傲慢的，还是绝望的）来衡量的孤独。这样的孤独处在不可能性的荒芜领域里，这是一种无法将自身建构为世界的不可能性。

文学通向这一孤独。它总是让那些不属于世界者——诸神和英雄——言说，当他们的功绩和战斗还不是**行动**和**政治**，而是英雄主义和冒险时。今天，既然诸神已经离去，文学便让最根本的不属于世界者——存在者之存在，其消逝的在场本身——来言说和完成。为表明这点，布朗肖重启了他早期对马拉美和卡夫卡的沉思。书写就是回归本质的语言，本质的语言体现为在词语中撇开事物，同时应和存在。事物的存在不在艺术作品中得到命名，而是在那里自我言说，与词语作为事物的缺席相契合。存在就是言说，只是这样的言说处在一切对话者的缺席中。这是一种无人称的言语，没有“你”，没有称呼，没有呼格，但又不同于“连贯的话语”，因为后者显露了一种普遍的**理性**，话语和**理性**都属于白日的秩序。所有艺术作品，当其作者并不重要，好像服务于一种无名的秩序时，都是更加完美的艺术作品。当卡夫卡用“他”取代了“我”的时候，他才真正开始书写，因为“作家属于一种无人言说的语言”[①]。这并不是说一种普遍的和永恒的理想支配着书写。布朗肖表明，作品的无人称性就是紧随诸神离去的沉默的无人称性，那是一种无法熄灭的沉默，如同一阵喃喃低语。它是历史时间（作为历史的孩子，我们可以把历史否定）沉没其中的时间的无人称性；它是**白日**的否定（再一次，作为**白日**的孩子，我们把**白日**否定）从中涌现的黑夜的无人称性。创作者，名字已被涂抹，记忆已然消逝。“创作者对其作品没有权力。”[②]书写就是打破把词语和我自己相连的纽带，逆转让我对一个你述说的关系——“制造那种无法停止言说的东西之回响”[③]。如果视觉和认知体现为向其对象施展权力，体现为远距离支配它们，那么，书写所实现的例外的翻转归根结底就是被一个人所看到的东西触摸——从远处被触摸。目光被作品抓获，词语注视着写它的人。（这正是布朗肖对迷恋的定义。）诗歌语言把世界撇到一边，让这一疏远发出的持续不断的喃喃低语重新出现，如同黑夜在黑夜中自身显现。它不是永恒的

① 布朗肖：《文学空间》，同前，第 8 页。
② 布朗肖：《文学空间》，同前，第 232 页。
③ 布朗肖：《文学空间》，同前，第 8 页。

无人称者，而是持续不断者、无穷无尽者，它在人们尝试否定时，一再地重新开始。

布朗肖把这样的情境跟死亡相联系。**书写**就是死（mourir）。对布朗肖来说，死亡（mort）不是关于人的终极可能性、关于不可能性之可能性的一种悲情，而是不可把握者的不断重复，在不可把握者面前，“我”（je）失去了其自身性。它是可能性的不可能性。文学作品让我们接近死亡，因为死亡是作品的低语所引发的存在的无尽窸窣。在死亡中，正如在艺术作品中，常规的秩序被颠倒了，因为权力通向了无法被承担的东西。因此，生命与死亡之间的距离是无限的。同样无限的是诗人那面对不可穷尽之语言的作品，这种语言是存在的展开，更确切地说，是存在无休止的翻卷，甚至是存在的骚动。死亡不是完结，它是完结的从不完结（*n'en pas finir de finir*）。就像在爱伦·坡的某些故事里，威胁越来越逼近，无助的目光度量着这一临近，距离却始终存在。

就这样，布朗肖把书写规定为一种近乎疯狂的结构，位于存在的普泛家政（économie générale）之中，由于这一结构，存在不再是一种家政，因为当它通过书写被人临近的时候，它不再拥有任何的居所，不再包含任何的内部性（intériorité）。它是文学空间，也就是说，绝对的外部性——绝对之流放的外部性。这就是布朗肖所谓的“第二个黑夜”，在第一个黑夜，也就是白昼的正常结束和湮灭中，第二个夜成了湮灭的在场，并因此不断地返回存在；布朗肖用一些词语来描述那种在场，例如汩汩作响、喃喃低语、回环往复，这些词语都是用以表达第二个黑夜之存在的非本质性（inessentiel）特征的。缺席的在场，空无的满盈，

> 那种隐藏着并且始终封闭的东西的充分“展露”即在黑暗上面闪烁的光亮，这光亮由于这种成为表露在外的黑暗而闪闪发光，它在充分展示的最初的光明中劫走了黑暗，也就是这样的东西，它的本质是困住欲将它披露出的东西，欲在自身中吸引住它并吞没它的东西。[①]

就其自身而言，书写会是一种未必可靠的权力活动，在一个所谓灵启的时刻，它“偏转”成了非权力（non-pouvoir）。它是存在的节奏本身，因此，文学除了自身之外别无对象（而终有一天，布朗肖小说作品的潜在意义将不得不被说出来）。现代艺术言说的只是艺术自身的历险——它竭力成为纯粹

---

① 布朗肖：《文学空间》，同前，第 230 页。

的绘画、纯粹的音乐。无疑，讲述这种历险的批评和哲学作品，远远不及这种艺术，艺术是深入黑夜的旅程本身，而不只是对这一旅程的记述。但布朗肖的探索为哲学引入了一种我们想要阐发的新“范畴”和新“认知模式”，不论它与正统的艺术哲学如何相关。

四　存在的迷误

艺术的本质在于从语言到不可言说者的转变，不可言说者自我言说，通过作品而让根本性的晦暗变得可见。用这种充满矛盾的方式描述作品不是辩证法，因为一者取代另一者的对立交替并没有打开一个让这种更替得以克服、让矛盾得以调解的思想层面。如果思想的确抵达了这个层面——上升到了某种综合——那么，我们就仍停留在世界之中，处在人类可能性和主动性的领域里，处在**行动**和**理智**当中。文学就这样把我们抛到了一道任何思想都无法着陆的海岸——它通向不可思者。只有在这里，存在即感知（esse-percipi）的唯心主义形而上学才告终结。文学是一场独一无二的超越性之冒险，它超出了就连最大胆的背离也无法让我们从中逃脱的世界的所有视域。只有艺术才能让我们脱离，但在对外部性的征服中，诗人却一直被排斥在外部性之外，因为，如果外部性向诗人提供了庇护，那么，它就会丧失它的陌异性本身。诗歌（也就是说，作品）所通往而不通达的不可思者，布朗肖称之为存在。在海德格尔那里，艺术已经超出了所有审美的意义，让“存在的真理”闪耀，但它和实存的其他形式有共通之处。对布朗肖来说，艺术的使命是无与伦比的。但首先，书写并不通向存在的真理。可以说，它通向的是存在的迷误——通向作为迷失之位置的存在，通向不可栖居之处。因此，同样有理由认为，文学并不通向那里，因为那里不可抵达。存在的迷误——比真理更加外部。对海德格尔来说，存在的真理中也包含着虚无和存在的更替。但与海德格尔相反，布朗肖并不把它称为真理，而是称之为非真理（non-vérité）。他坚持这层“非”（non）的面纱，坚持作品之终极本质的这种非本质特征。这个非不像黑格尔和马克思的否定性——通过劳动来改造自然，通过政治活动来改变社会。作品所揭示的——被作品带向自身表达的——存在超出了一切的可能性，如同死亡，不论一个人为自杀作怎样的雄辩，他都无法承担死亡，因为从来不是我死了，而总是有人（*on*）死了，这不像海德格尔认为的那样是在逃避自身之死亡的责任。但本真性恰恰在于文学所通往的这种非真实（non-vrai），而不是“存在的真理”。这是一种不是真理的本真性——这或许就是布朗肖的批判性反思让我们得出的终极命题。我们认为它发出了一个离开海德格尔世界的邀请。

五　对迷误的召唤

非真实作为本真性的本质性形式，这个结论以一个问题的形式得以表达。第260页的一个脚注“从更接近历史现时性的层面”解释了它：“可以说，世界越体现为未来和真理的白昼（在那里，一切都将有价值，一切都会有意义，一切都在人的控制之下并在为人所用之中得以完成），艺术似乎就越应当向那个尚未具备意义的点下降，就更必须保持那种摆脱一切控制和一切目的之物的运动、不安稳和不幸。艺术家和诗人似乎获得了为我们顽固地唤起迷误的使命，让我们转向这个空间，在这一空间里，我们追求的一切，我们获得的一切，我们之所是的一切，在大地上展开的一切，通通返回到了无意义之中。在无意义之中，正在被接近的东西，既不严肃也不真实，仿佛或许一切本真性的源泉都涌现于此。”[①] 召唤我们朝向迷误——这并不意味着一种虚

---

① 布朗肖：《文学空间》，同前，第256页。译文有所改动。

无主义或恶魔般地以假代真。这些话也绝不是在鼓吹一种至福的迷误浪漫主义，一种对运动和生活的刺激。思想在这里更加清醒、更加成熟。它说的同样不是那种永恒幻觉，它绝望地逃离存在之荒谬，在《人的境况》（*Condition humaine*）中，它作为一种鸦片，被马尔罗提升至与**革命**的艰难使命对立且并置的范畴之列。**白日、理智、世界、人的统治**——这一切必须到来。但劳作和历史所创建的这个**白日**、这个位置、这个**世界**所具有的终极意义必须得到决断。经过那么多完美的契合之后，布朗肖和海德格尔在这里有可能根本地形成对立。

海德格尔晚期哲学的主导思路是把人类活动的本质性形式——艺术、技术、科学、经济——阐释为真理的模式（或对真理的遗忘）。在海德格尔看来，与这种真理的相遇、对这一召唤的回应，是在迷失的道路上进行的，并且这样的迷误与真理是同时并存的，而对存在的揭示也是对存在的遮盖。这一切表明，海德格尔的存在观念跟布朗肖认为艺术作品和诗歌所允许我们去表达的那种非现实的实现、那种缺席的在场、那种虚无的存在有着极高程度的亲近关系。但对海德格尔来说，真理——一种原初的去蔽——规定了一切迷失，这就是为什么一切人的东西归根结底都可以用真理的观念说出，都可以被描述为“存在的去蔽”。然而，在布朗肖那里，作品以一种不是真理的去蔽揭示了一种晦暗。以一种不是真理的去蔽！——这是一种独特的方式，它揭示并看到了其形式结构所规定的“内容”：一种绝对外部的晦暗，对于它，任何持守都不可能。就像在一片荒漠里，某人发觉自己无处存身。一种游牧的记忆从定居生活的深处升起。游牧不是某种对定居状态的过渡。它是与大地的一种不可还原的关系：一种失去了位置的旅居。在艺术作品为我们召唤的晦暗面前，正如在死亡面前，“我”，我们权力的支柱，在一片漫游的土地上，被消解为匿名的“有人”。永恒**游牧**的自我，在非真理，即比真实延伸得更远的领地的边界上，通过其步伐而非位置得到了确定。以真理为条件的迷失，以迷失为条件的真理——这只是一个大同小异的区分吗？我想不是。

六　流放的本真性

除了那些可以对支配思想的存在之真理进行质疑的区分，正统的海德格尔主义者不承认两种思想之间存在其他区分。但这种方式已然预设了在这里仍成问题的存在之真理的首要性。对伦理确定性的任何指涉都会招来他们的蔑视，因为那只是一种低级的思索，一种思考的不足，仅仅属于意见的范畴。

对伦理的指涉与海德格尔正统的根本教条（存在之于存在者的优先性）背道而驰。但伦理并非以假代真，它不把人的第一口气息置于存在之光中，而是在对这一存在者论题化之前，就把它放在了与这一存在者的关系里——这样一种不让存在者成为我之对象的关系，恰恰就是正义。

布朗肖（他同样戒绝——至少是戒绝一种明确形式的——伦理关切）把我们引入其中的文学空间，跟海德格尔那个因艺术而得以栖居的世界没有任何共通之处。根据布朗肖的说法，艺术根本没有照亮世界，而是暴露了它底下荒芜的、没有光的根基，并赋予我们的旅居一种流放的本质，赋予我们的建筑奇观一种荒漠临时庇护所的功能。对布朗肖和海德格尔来说，对立于古典美学，艺术不通往世界背后的一个世界，现实世界背后的一个理想世界。艺术是光：对海德格尔来说，艺术是来自高处的光，它缔造世界、创立位置；对布朗肖来说，艺术则是一道暗光，来自低处的黑夜，是瓦解世界的光，它把世界带回到它的本源，带回到回环往复，带回到喃喃低语，带回到持续不断的汩汩作响，带回到一个“杳深的往昔，永不足够的往昔”[1]。对非现实（irréel）的诗意探索，正是对这一现实（ce réel）的至深之底的探索。

荒漠的临时庇护所。这并不是要向后回返。但对布朗肖来说，文学唤回了人的游牧本质。游牧难道不是一种意义的源泉吗？它从人的面容，而非大理石雕像所反射的光中涌现出来。如果布朗肖所谈论的本真性不仅仅意味着对建构之非严肃性的意识，不仅仅意味一种嘲弄——那么，艺术的本真性就必定会昭示一种正义秩序，即在海德格尔的城邦中缺席的奴隶道德。人，作为一个存在者，作为这样一个遭受饥饿、干渴和寒冷的人——他真的在其需求中完成了存在的去蔽吗？他因此已是光的警觉的守护者了吗？海德格尔的世界是一个主人之世界，主人已经超越了贫困悲惨的人的境况，或者，超越了一个只聚焦于这些主人的奴仆之世界。在这里，行动即英雄主义，居所即君王的宫殿和诸神的庙宇（它们在提供庇护以前，就已经勾画出了风景）。终有一死者的生活因诸神的拜访及其慷慨而得慰藉。这是在一块祖传的土地上辛勤劳作的生活，任何突变

---

① 保罗·瓦莱里（Paul Valéry）：《圆柱之歌》（*Cantique des colonnes*），收录于《作品集》（第一卷）（*Œuvres*, tome I, Paris: Gallimard, 1957, p.118）。

都无法夺走它。正是这平静的占有、这异教的扎根，标记了海德格尔笔下全部的物的特色——不论那是一座桥、一个罐，还是一双鞋。让我们回想一下他在其最新出版的著作里对栖居和物的那些令人眼花缭乱的分析。[①]其中，对天空和大地的指涉，对终有一死者和（总是复数的）诸神（dieux）的指涉——对它们在位置和事物中不可分离的四重性的指涉——确保了知觉的绝对性，确保了世界、几何空间本身以及作为空间之纯粹决定因素的天空和大地所处的位置的绝对性。这种首要性，这种无法把跟人的关系和其他三种关系分开来的风景的绝对性，当然迎合了我们身为特权者和欧洲人的品位。但这也是对人类苦难之不可能性的支撑。这是傲慢的唯心主义！我们能肯定知觉只能被数学的抽象超越吗，而这种超越本身又是虚假的，既然抽象源于一个位置，而任何位置都不能被一个几何空间所容纳？知觉不是早在诸神、风景和希腊或德国的数学家之前，在“任何天空都无法容纳”的不可见之上帝（Dieu）的揭示中，作为一个参照系而遭到了抛弃吗？那是正义、荒漠和人类的上帝。这远远超前于宗教对妇

① 参见海德格尔：《演讲与论文集》（*Vorträge und Aufsätze*, Pfullingen: Neske, 1954）。其中包括 1951 年的演讲《筑·居·思》（*Bauen Wohnen Denken*）和 1950 年的演讲《物》（*Das Ding*）。

孺讲述的故事，是一个关于**高处**和**理想**的新维度。海德格尔肯定知道这个。但当希腊的“存在之真理”有权被作一番精妙的解释时，一神论的启示却总是被规范为几句没有细微差别的神学用语。在那些被诅咒的城市里，栖居丧失了其建筑的辉煌，不仅诸神，就连天空本身也缺席了。但在饥肠辘辘之中，在苦难之中，当房屋和事物回归其物质的功能，而享乐失去了视域的时候，人的面容却闪闪发光。布朗肖不是把根除海德格尔之宇宙的功能，归于艺术吗？在“外部的永恒流淌”面前，诗人不是听到召唤他离开海德格尔之世界的声音了吗？这是一个不因其虚无主义而显得可怕的世界。它不是虚无主义的。但在其中，正义并不构成真理的条件——它永远对某些已有两千年之久的文本保持封闭，在这些文本里，亚玛力的生存[①]妨碍着**神圣之名**的整全——而这恰恰也就是存在的真理。

① 参见《旧约·申命记》25：17—19：“你要记念你们出埃及的时候，亚玛力人在路上怎样待你……并不敬畏上帝……你要将亚玛力的名号从天下涂抹了，不可忘记。”

女仆及其主人

一

艺术活动让艺术家意识到他并非其作品的作者。在日常活动中，有效的因果性把工匠和他的产品毫无歧义地联系在一起——同时允许人们衡量他所使用之材料的作用，他所追求的目的，以及他所从事之事业所需的形式和法律上的必要性。但在艺术家那里，这种有效的因果性却服务于一个浸入骨髓的呼召，服从神秘声音的支配，因为它不能和正常合作中听到的声音相比；它被一声声弯曲其笔直推进的召唤所消耗。

这种对人类因果性当中的外来干涉的意识，这种由来已久的灵感体验——或许，《等待，遗忘》

就向它敞开[①]——这种让艺术家愉快地交付，并被当今这么多乐观的艺术哲学赞颂为自我超离（尽管瓦莱里为之感到羞耻）的体验，在如下问题中获得了一种特别的重量：狂热或着魔是否潜藏于一切活动深处，包括意识和语言的原初活动？思想是否忍受着一种比它自身更加深刻的谵妄？那一自称是行动和本源的语言，那一“决断之词”，以及结束和打断的可能性，如果有这样的可能性，是否是一种根深蒂固的被动性，一个既没有开端也没有终结的古老故事的重复，一种无人称的深深的躁动，感觉仅能在其上激起一层表面的涟漪？

超自然在**西方**思想和习俗中落得的坏名声，并未损害灵感的神秘。不久之前，人们还在诗歌作品中区分两个部分：理智的部分，其意图的主人，它属于控制其想法的思想者，或许缺乏趣味，但不可剥夺；

① 或许。我们面对的不是寓意的形象。这些形象，不论多么简约，如同抽象之物，却仍然完好地保持着其感性的丰满：它们向我们从各个维度展现其厚度与广大，且依照的是一种恰到好处的秩序，并激发了某些问题，如同在谵妄中，一旦高烧退去，白日破晓，这些问题就几乎不可交流。这正是布朗肖的文学空间独特的浮雕性质。其世界的意义关乎着我们自己的意义。但阐释，被这样一部作品所排斥；这样一部作品或许整个地就在于突破非矛盾性诉说试着围绕一切运动而进行的包裹。我们应该努力捕捉它那些闪烁的微光，而不害怕在这个过程中将其熄灭吗？在这里，一切必须以“或许”的模式说出，就像布朗肖在自己的书中解释所言之物时做的那样。——原注

以及最好的部分，天才、精灵、缪斯和无意识的部分。超现实主义，不论其探索多么大胆，但它所提出的必须从有意识思想中释放的自动书写理论，仍代表了这一阶段。但它因此也就承认：灵感拥有一个警觉的、不得不被提前催眠的敌手。在布朗肖的《亚米拿达》中，托马与一个同伴被锁在一起，他是那个同伴的囚徒，或者那个同伴是他的囚徒。所以，在《等待，遗忘》里："在她所说的话之外，他开始在一个没有深度的广阔中听见另一种话语……他自己的话语与这番话语没有任何相通之处。"[①]仿佛人物因为彼此相同，而变得双重，仿佛意识，尽管自由，却行使了一种它从未承担的职能。

"然而，一切都没有改变。"[②]另一个只是同一个的重复，而另一个的言语尽管有所不同，却依然应和着最初的言语。荒谬中心的荒谬：意识的异化未将它从自身中解放。没有什么超凡（*extra-ordinaire*）的事情发生。语言被迫在它被卷入的条件下继续。它朝向外部的运动，因这些最初的词语所暗示的卷入而永久瘫痪，而每一个新的词语又默默地延续着这种卷入。上帝已从世界中撤离或上帝

① 布朗肖：《等待，遗忘》，骜龙译，南京：南京大学出版社，2015年，第16页。

② 布朗肖：《等待，遗忘》，同前，第19页。

已死的想法，也许表达了在无限的变异中增生并扩散的单调，以及一个无法在其同一性内部保持安静的**自我**（le Moi）。“它一直在晃动。”[①]布朗肖的作品试图解开这种无意义的双重纽结，试图揭示这种怪异性，直到它并未表达出来的同一性像癌细胞一样扩散，除了重复和同义反复之外，不生产任何东西。“是不是有同样的光亮，哪怕是在晚上？”[②]

在这部作品里，我们已然失去了言说能力的世界之命运，处于绷紧的状态。“好让我跟你说话吧”[③]：这是统领《等待，遗忘》第一部分的祈求。人们再也不能言说，不仅是因为那外来的干涉，还因为那种强调对话本身之同义反复的节奏——因为低沉的嗡鸣立即封闭了交流的敞开。仿佛一切，自始至终，都是结束。言说，书写，就是砸开永恒之限定性的尝试；但最后的言语属于这一话语吗？它不是属于这一话语所完成的，并且已经监禁了这一话语的存在论行为吗？言说蜕变成存在，而存在并不以其话语的意向来表达意义。“她说真话，但并不代表她所说的都是真的。”[④]“他们经常谈起，”另一段重要的文本写道，“他们不在的那一刻，哪怕知道

① 布朗肖：《等待，遗忘》，同前，第28页。
② 布朗肖：《等待，遗忘》，同前，第24页。
③ 布朗肖：《等待，遗忘》，同前，第16页。
④ 布朗肖：《等待，遗忘》，同前，第24—25页。

他们一直会在那里谈论这样的时刻，他们觉得没有什么比度过永恒在展现其限度时，更能配得上永恒了。”[1]我们如何能够摆脱这样的循环，除了表达摆脱的不可能性，除了说出不可表达者？诗歌本身不就是**出路**吗？布朗肖因此会反对黑格尔的教条，即艺术自古代之终结以来，就已经死亡，它在中世纪服从于**宗教**，在我们的时代则服从于哲学。这当然不是对技术时代之散文化的某种庄重的反叛。它是一种大胆的思想。布朗肖挑战看似不可置疑的论断，即某一种语言是意义（le sensé）之享有特权的传送者，它是意义的源头、河口和河道。意义，为了建构一种符合逻辑的话语，依赖于某种建立在一定语法之上的命题秩序吗？或者，意义让语言爆炸，并让它在这些破碎的片段（然而，语法在布朗肖这里却安然无恙！）中进行指示，但在精神和事实上已然不再等待任何随后的阐释了吗？《等待，遗忘》否认（布朗肖作为文学批评家所遵循的）“不停说话”的哲学的阐释语言，否认其作为一种终极语言的尊严。在散漫地表达对话语的不可能之逃避的诗歌话语之外，寻求具有归并能力的逻各斯，就是要阻断连贯话语的回旋，借以宣告（同样也谴责并因此超越）自身的敞开。那么，我们不是能够更进一步，认为

① 布朗肖：《等待，遗忘》，同前，第 23—24 页。

对连贯话语的预设，再也不能反驳言语想要说出的东西了吗？或许，我们把艺术和诗歌的名称错误地用在了这一例外的事件——这一至高的遗忘上——它把语言从其奴役状态中解放了出来，而这样的奴役是语言相对于所说（*dit*）维持自身的那一结构而言的。或许，黑格尔在艺术上的思考，是正确的。关键的东西——不论它叫诗歌还是别的什么——在于，一种意义能够在黑格尔完满的话语之外说出自身；而那种遗忘了这一话语之预设的意义，则变成了寓言（*fable*）。

二

布朗肖的本然的文学作品首先给我们带来一种新的感觉：一种“新的战栗”，更确切地说，皮肤擦到物体时的一种新的刺痛感。一切都从切实可触的层面上开始——旅店房间，厨房，门厅，窗户，墙，这些地点的空间因它的透明而沉重，“在不施加压力的时候施加同样的持久压力”[①]；回音穿过这个空间渐渐消失，并在一种沉默的边缘不断地减弱，它从这样的沉默中产生，就像一阵最初就和沉默融

① 布朗肖：《等待，遗忘》，同前，第 21 页。

为一体的遥远的低鸣："一种原始的空，一种对任凭故事开始的强烈拒绝。"[①] 事物因其微不足道而显得遥远和陌生：一杯水，一张床，一张桌子，一个扶椅，被排斥而又抽象；一种在内行人之间对话的透明性，被简化为言词记号，潜藏一丝言下之意，尽管对谈话者而言毫不神秘，却因其空洞本身而显得隐晦。总是这种反向的浓缩，在事实上一无所有的地方产生侵蚀。"在空里有数不胜数的人"[②]，如同一种迟钝的痛苦的增长，**虚无的**、秘密的、缓慢的肿胀。虚无的呻吟，及其操劳的方式，颠沛、"经过"并脱离了其空无之同一性，"声音回荡在巨大的空之中，是声音的空洞，也是空荡房间的空"[③]。它所制造的沉默并不阻止嗡鸣的声响。它已从墙的另一边来到这里，任何的否定也不能让这喧闹沉默：另一种噪音不是和这边刚被还原为沉默的噪音一模一样吗？他们是为了听见它才试着保持安静的吗？他们试着说话是为了听见"回到了自身的同样的话语"[④]吗？"再次回到嘴边的都是老话……无迹可寻的流言……无处游荡，却四处安身。"[⑤]"再一次，

---

① 布朗肖：《等待，遗忘》，同前，第 13 页。
② 布朗肖：《等待，遗忘》，同前，第 40 页。
③ 布朗肖：《等待，遗忘》，同前，第 10 页。
④ 布朗肖：《等待，遗忘》，同前，第 27 页。
⑤ 布朗肖：《等待，遗忘》，同前，第 6 页。

再一次，一直在行走，总是在路上。造访另一个国度，参观其他的城市，脚下是同一片土地。”① 语言被关闭了，如同这个房间。“他们一起闷在封闭的空间，在这里她所说的一切只能说明这种封闭。她不是只说了这一句话吗：‘我们被关在这里，我们再也走不出这里了。’”② 词语一个接着一个，却不断打断前面的那些词语。他们从未脱离离开的进程：“这间破房子啊……我待在房里的时间真是少得可怜。我住在这儿，难道不只是为了抹去我住过留下的痕迹吗？”③ 这是永恒的现在，同义反复或重复的永恒。

三

“是不是有一扇他没看见的门？是不是有一面光滑的墙，墙上开了两扇窗？”④ 有可能出去吗，或者相反，看似照亮了这一旅居的光是虚假的吗？人们对这一情境的意识会在语言所玩弄的无尽的游戏里迷失，而不抵达任何的我思吗？诗歌的语言会凿穿墙，同时保存这一凿穿导致的断壁残垣，这一断

---

① 布朗肖：《等待，遗忘》，同前，第 6 页。
② 布朗肖：《等待，遗忘》，同前，第 19 页。
③ 布朗肖：《等待，遗忘》，同前，第 6 页。
④ 布朗肖：《等待，遗忘》，同前，第 24 页。

壁残垣威胁着埋葬并固定向前的运动，把它分解成谋划和记忆，谋划和记忆在意指上是共时性且永远同时的。待在一个地方以抹除逗留的痕迹，这样的游戏不能重新开始。布朗肖说，她反抗“积压在心头的话，她努力与未来或是还没有发生、却已经出现、然而已发生过的事情保持联系”[①]。或许正是这样的运动——它瓦解了那些被还原至现在的词语——被布朗肖称为**“等待，遗忘”**。

一种与追忆相对的遗忘，一种不等待什么的等待。“等待，等待就是拒绝等待任何事物，是用一步步展开的安静广阔。”[②] **等待，遗忘**，并置着，不通过任何连接词在一个结构中把它们联系起来。它们不规定灵魂的状态——灵魂的意向性，带着无数丝线，会进一步加固存在解不开的织物，让自身蜷曲，封闭自身。主体性将世界的织布打结并强化：某人在存在的织布里为自己制作了一个巢穴，“充实自身”。等待，遗忘，松开了存在论的场域，释放了一根丝线，解开，磨损，松懈，消抹。“最初的心不在焉！”[③] 瞬间，“载着它全部的过去，怀着它的未来”，现在的瞬间，其紧绷的动态让一切都变成

---

① 布朗肖：《等待，遗忘》，同前，第 9 页。
② 布朗肖：《等待，遗忘》，同前，第 11—12 页。
③ 布朗肖：《等待，遗忘》，同前，第 12 页。

同时的和永恒的，回到了等待的平静。既不是深思远虑，也不是焦躁不安，“等待不等待任何事物”[①]。遗忘离开了过去的瞬间，但“当它在一种言语中停留”[②]时，它与它从其中离去的东西仍保持着一种关系。在这里，历时性被恢复为时间。一种夜晚的时间：“无所等待的夜晚就好比这等待的过程。”[③]。但首要的遗忘是对一个人自身的遗忘。自身性（*ipséité*），作为绝对的本源，不也是对自身的难以抑制的返回，不也是自身对自身的监禁（这样的监禁同时也是语言）？反思让古老的基石浮现并把它们和当前的事物相混合。规定之物和被规定之物的同时性，就是所谓的连贯话语。但是，倚仗于规定，词语也被固化成了盐柱。在这里，**遗忘**再一次把历时性复原为时间。这是没有前瞻（protention），没有滞留（rétention）的历时性。无所等待并遗忘一切——主体性的反面——“所有中心的缺失”[④]。**自我**（le Moi）施加于自身之上的张力，那个“在它的存在中与这个存在本身发生交涉的存在者”[⑤]，松懈了。“带

① 布朗肖：《等待，遗忘》，同前，第 37 页。
② 布朗肖：《等待，遗忘》，同前，第 52 页。
③ 布朗肖：《等待，遗忘》，同前，第 37 页。
④ 布朗肖：《等待，遗忘》，同前，第 32 页。
⑤ 海德格尔：《存在与时间》，陈嘉映、王庆节合译，熊伟校，陈嘉映修订，北京：生活·读书·新知三联书店，2008 年，第 14 页。

着莫大的愁绪，却又带着怎样静默的坚定，他感觉再也不能说出‘我’了。”①“她把他从他自己身上剥离。”②对话者在书的第二部分如此地镇静，往往轻松、欣喜，而不是绷紧于自身，宣布放弃他们的同一性却不失去同一性，他们放开他们自己如同蝴蝶脱落蝶蛹，仿佛他们将自己从一件衣服中释放出来又立刻恢复原状；将自身推向着与**他人**（l'Autrui）的相遇，抛弃自身，重新融入自身，剥夺自身并向自身呈现自身——在自身和自身之间有多少新的关系！——找到一扇门，在这一放松的自身中，超逾存在，依照一个概括平等、正义、爱抚、交流和超越的表达——一个因其精确和优美而值得赞叹的表达：“在一起，却还没有在一起。（sont ensemble, mais pas encore.）”③

四

这一诗的言语，对布朗肖来说，成了一种自身矛盾的言语。我们熟悉他的作品中，尤其是《等待，

---

① 布朗肖：《等待，遗忘》，同前，第 23 页。

② 布朗肖：《等待，遗忘》，同前，第 31—32 页。

③ 布朗肖：《等待，遗忘》，同前，第 59 页。

遗忘》中，这种谈话的矛盾更替形成的那种美，那种准-可感（quasi-sensible）的美。在同一个命题里，否定紧随它的肯定。诉说松开了它所把握的东西。自身给予的物——存在者——无法度量**等待**（Attente），及其超逾**存在**（Etre）的夸张意向，而主体性只要求自身被吸入“意识的意向性”触手可及的对象。**诉说**（Dire）是因**可欲之物**（Désirable）的临近而加剧、加深的**欲望**（Désir），因此，可欲之物的临近也变得更加遥远。这就是超越性之闪闪发光的形态——真正发生（*arrive*）之物的形态。①

一种闪耀的不连续而矛盾的语言。一种超过意指，能够做出示意的语言。示意从远处做出，从外部做出，并朝向外部做出。诗的语言通过放弃意指来做出示意，它无需示意对意指的承载。但无论是

① 在布朗肖那里，为了建构这种形态，没有什么道德的元素介入进来。为了只从其缺席的深处回应至善者的召唤，这一模式不把从这一［道德］视野中消失的特权——超越这一视野的特权——归于它的贫乏、被迫害或遭受蔑视。但有时，布朗肖作品中的超越性又由在场本身的不确定性构成，仿佛它只能用在场来“停止说话。随后而来的日子里，他们的关系破裂，她又重新回到安静的现实中。这样，他才能更清楚地看到她处在多么巨大的脆弱之中，看到她有时让他说话的权利从何而来”（布朗肖：《等待，遗忘》，同前，第 16 页）。我们之前说过，对于我们，诗一词意味着自身监禁的语言注定要遭遇的一种内在性的断裂。我们不把这样的断裂当成一个纯粹审美的事件。但诗一词毕竟不是指艺术的一个类别。它和言词密不可分，它溢出了预言的意指。——原注

未及还是超出不可避免的语言惯例，它都绝对地“清晰”。虽然它在语言的编码系统之外，但它引领着这一系统，如同逻辑学中[①]提及的“解锁”书写符号体系的元语言。

做出一个不指向任何东西的示意。布朗肖对此有令人钦佩的论述。“托付于你的，是她说话的声音，而不是她说的话。她嘴上说的，连同你探到的、写下来想让别人知道的秘密，虽然会试图迷惑你，但你应该慢慢地把它们重新带回到当初你在其中发现它们的静默。”[②]诗，在布朗肖看来，把词语、整体的标志、总体性的时刻，转变为释放了的示意，它们冲破了内在性的围墙，打乱了秩序。两个被困在一间屋子里的存在者，与一种把他们如此紧密地聚到一起或把他们如此遥远地分离开来的命运作着斗争，为的是找到一扇门。任何小说，任何诗歌——从《伊利亚德》到《追忆似水年华》——做的无非是这个。把一种意义引入**存在**就是从**同者**（le Même）走向**他者**（l'Autre），从**自我**（Moi）走向**他人**（l'Autrui）；就是做出示意，就是对语言结构的瓦解。不然，世界就只会认得激发匿名**公司**委

① 参见马尔丹（Martin）：《当代逻辑与形式主义》（*Logique contemporaine et formalisme*, Paris: PUF），p.22。——原注

② 布朗肖：《等待，遗忘》，同前，第 4 页。

员会写笔录或报告的意指。

五

然而，诗歌的言词本身也可能背叛自身，并被秩序吞没，将自身展示为一个文化产物，一份档案或证词，它会被鼓励，被赞赏，被高度评价，被售卖，被购买，被消费，它可以令人宽慰，可以只在独独一种民族语言中被言说。这一切可以在它所涌现的地方得以解释（除此无他），而这个地方正介于包容**大全**的知识和它所融入的文化之间，二者如同两把威胁着要合拢的钳子。布朗肖恰恰在看和说之间，窥伺钳子还没有合拢的时刻。

在看和说之间。永远呈现于视觉的秩序，已遭遗弃。但仍有示意，“言之无物的词”①仍在文化和历史秩序的一边。这一秩序虽已然动摇其所完成的世界之直观的同时性，并已把它拉入历史，然而，它仍会被固定于一个记述的形式，被封闭于所说的总体性，这一总体性只能单独向所说的内容赋予意义，即使每一种话语都会以其自身的方式生产这种明确的总体性，并用其方式将之推到尽头。“没有

① 布朗肖：《等待，遗忘》，同前，第 11 页。

人希望与一个故事相联系。”[①]“好让我不跟你说话”，这是一种祈求，正如“好让我跟你说话”。它保留了处于看和说之间的运动，这是一种没有关联性的纯粹超越性的语言——就像无所等待但又在摧毁的等待，一种无思想（noème）的思维（noèse）——纯粹的胡言乱语，从一种独异性走向另一种独异性，却毫无共同之处（对话者之间仍有太多“存留的共同点”[②]，第64页写道），做出示意却不意指的无词的语言，纯粹默契的语言，但这是一种无目的的默契：“她说话时给人的感觉，是她不能把词语同以前语言的丰富内涵联系在一起。他们没有故事，与所有人的过去没有联系，甚至与她自己的生活也没有关联，与任何人的生活都没有联系。”[③]这就是那种比祈祷和战斗更强大的语言吗？莱蒙托夫在他的神秘诗歌中回应了这种语言，以下是用乱糟糟的散文做的翻译：

> 有些话——它的含义/隐晦或不值一文！——/但你一听就心跳，/不可能无动于心。//它的声音充满了/如痴似狂的渴念、/

---

① 布朗肖：《等待，遗忘》，同前，第13—14页。
② 布朗肖：《等待，遗忘》，同前，第52页。
③ 布朗肖：《等待，遗忘》，同前，第15页。

离别的低声哭泣、/ 幽会时心的震颤。// 这些从火焰和光 / 脱胎而来的话语，/ 在尘世的喧嚷声里 / 得不到回音就消失；// 但我在庙堂或沙场，/ 无论在什么地方，/ 当我听到它一响，/ 到处能辨这声浪。// 我不等做完祈祷，/ 便去应和这声音，/ 立刻从沙场脱身，/ 迎着这声音飞奔。[①]

但是，做出示意而不在所指观念的永恒性中安顿下来的语言——不连续的语言——被跟随其踪迹并不断言说的女仆言语所包围。存在（甚至“存在者之存在”）在其中伸展的连贯的言语，就是全部的记忆，全部的预见，全部的永恒。不可穷尽、连贯的话语，看管着最后之词。它用逻辑玷污了在被遗忘话语的踪迹中所铭刻的模棱两可，且从不沉溺于玄秘（énigme）。如何要求一个言说真相的人沉默？她以连贯的方式讲述主人的胡言乱语，这被当作爱智慧。通过叙述其侍奉并监视的主人的失败、缺席和出走，她获得了胜利和在场。她完全清楚她无法打开的秘柜里藏着什么，她保管着已被摧毁的房门的钥匙。一个无可指摘的管家，她始终小心翼

① 莱蒙托夫：《莱蒙托夫全集》（第 2 卷），顾蕴璞译，石家庄：河北教育出版社，1996 年，第 231—232 页。

翼地检查所看管的房子，并否认隐秘的锁闭之存在。

女管家或女主人？了不起的伪善者！因为她爱她一直守护的疯狂。

安德烈·达尔马与列维纳斯的访谈

达尔马：在弗朗索瓦丝·柯兰（Françoise Collin）的研究[①]中，我们首先注意到的不只是其对莫里斯·布朗肖作品的哲学理解，尽管您也会同意它完全有道理。这本书还让人听到了一个从深处传来的，可以说是动人心弦的回音，它揭示了读者的历险，这场等待被某个并不显现的东西持续地占据。不怕说得太多，就怕说得不够，而却什么都不能说。这难道不是一个更普遍的难题：哲学语言的危机？

列维纳斯：我们的谈话计划早在弗朗索瓦丝·柯兰的书出版之前就定下来了。我对书开头与我有关的致敬并不知情。但您很清楚我在该书付梓之前，对它多么地看重。我不打算取消我们的计划。弗朗索瓦丝·柯兰在这本书中的努力和成功——如您所

---

① 指《莫里斯·布朗肖与书写的问题》（*Maurice Blanchot et la question de l'écriture*, Paris: Gallimard, 1971）。

说，它是第一部研究布朗肖的专著——在我看来的确引人注目。而我能告诉您的一切，都是基于她那严格而精妙的阐释所散发出的种种可能性。

让布朗肖的作品进入一种哲学话语，就是既要用人们所说的内容，也要用人们无法言说的内容，来阐明它。如此的不言和海德格尔著名的“不言”没有任何共通之处，后者授权我们比康德或黑格尔本人更好地理解他们自己。您知道人们今天怎样滥用这个概念。布朗肖的言说“所处”的文学实践是一种书写的实践，而弗朗索瓦丝·柯兰清楚地表明了它同秩序的决裂，同聚集的决裂，同词项之集合的决裂，同它们的共时性的决裂，同逻各斯的决裂。

文学并不表达这样的离散——那是它的事件。以一种罕见的才能，弗朗索瓦丝·柯兰听到了发生这一决裂——或这一疏散——的文本所具有的和谐，并清楚地意识到自己正在从事一项反本质的事业，她陈述布朗肖的命题，把文学留于其不可涵括（*inenglobable*）的空间，仿佛它与一切哲学相隔离。布朗肖给予文学的意指挑战了哲学话语的傲慢——这一无所不包的话语能够说出一切，包括它自身的失败。

曾聚集于逻各斯的东西疏散了！诉说在此就是祛说，是撤回，是修正，当它声称文学是这或是那之时。文学的非凡一面——既不是存在，也不是非存在——无所暴露地暴露出来：**中性，野蛮，陌异，**对**秩序**的**否定**，用波德莱尔的话说，“摆脱**数字**与**存在**”，然而，那也是持续的骚动，是绝无打断之可能、在一切声响之外回响的沉默。在勾勒那一无法涵括的文学空间时，书写意图完成却不能完成这一完成。

它也是对哲学的不是质疑的质疑。因为这里的质疑并不意味着任何涵括的意图——涵括的倾向是哲学的，且会把“文学空间”重新并入世界空间。要把这被排除的第三项并入世界是不可能的，而文学就是这第三项的闻所未闻的转调。它被绝对地隔离了。弗朗索瓦丝·柯兰表明，布朗肖没有给我们带来一种源于文学沉思的“独一观念”。因为这一秩序的“非本质”——或这一“超凡”——围困着文学所“辩护”的存在。这撼动着一切可思之物的“混沌”，闯入了归属于**秩序**的文化产品的特洛伊木马。

达尔马：对莫里斯·布朗肖来说，书写者的历险是一种丧失自身的试炼。今天，我们已明白这一点。弗朗索瓦丝·柯兰提起了《黑暗托马》中的这句话，“我思，故我不在”，它可被理解为“我说，故我不在”。传统文学是一种妥协，通过它，作家被拽到自身之外，拯救他同世界、同自己的关系里能被拯救的东西，这是一种防止自己就此归于匿名的手段，而匿名也就是莫里斯·布朗肖所说的中性。这样的中性是在场的还是缺席的？它在书写中显现为纯粹的肯定还是否定？

列维纳斯：这一**中性**，或这一**被排除的第三项**，既不是对存在的肯定，也不是对存在的纯粹否定。因为肯定和否定都在**秩序**当中，都是其组成部分。但这一中性的坚守具有一种难以言传的否定性。我们并不与之往来——它是卓越的“可怖者”。布朗肖的所有小说作品都沐浴在这种非真实的现实氛围之中，那是缺席之在场的氛围，沉重得就像布朗肖从《黑暗托马》（第一版）起就把我们引入其中的死后氛围。或许，这**中性**的模棱两可，正是在那些无法穿过房间或走廊的人物的僵硬动作所突然恢复的活力和自如中，展现出来的。

缺席的在场不是纯粹的否定。书写不是变为诗了吗？无名且持续的嗡鸣，不是被填满文学空间的歌声征服了吗？所以在《等待，遗忘》里，在无尽的踟蹰中，语言既是肯定的，也是否定的——但叙述却以欢快的篇章结束，仿佛一种凯旋。

达尔马：这死后的氛围常被弗朗索瓦丝·柯兰提及。它是那如此可怖、如此新颖的中性之领地吗？我说“如此新颖”，是因为在我看来这中性根本地有别于海德格尔的中性，后者在人之上，支配思想并使之变得可以理解。

列维纳斯：死后“相对于存在”的距离，并非由简单的否定获得，布朗肖的**中性**陌异于世界——如果我可以这么说的话，那是一种呈“指数式增长”的超乎一切陌异的陌异性。比任何上帝都要远。完全有别于海德格尔的存在（*sein*）——尽管它也是匿名的——存在（正如你正确地指出的，不同于存在者［Etant］）是世界之光本身，是场所、风景和安宁。为了表明一种对**世界**的绝对远离（或出逃），一种存在论范畴的反转——它在此，像是在一种精神的气喘吁吁中得以实现的——我们需要动用布朗肖的全部小说作品，以及其理论作品中言说自身的全部艺术。这一作品作为他异性的激化，否认传统的超越性，因为后者总可被收编，并为一个比无神世界更确信自身的世界提供担保。

我们会惊讶，当弗朗索瓦丝·柯兰谈论“文学体验”时，仿佛这是某种发现或体验，而对布朗肖来说，那里实际上已一无所有。那里有的只是缺场的空无本身，及其裂口的长久张开。

从一种源于被给予物并依附于直觉的认识出发，思想能够思它无法看见的东西的意义（康德），或者，它能把所有认识置于仍可确定和被确定的对不可见者的思当中（黑格尔）。根据布朗肖的说法，超出这一界限就会有某种不可思且不敲打思之大门的东西——某种不是东西的东西，但书写想让它停止声响——坐落于一个非-地方（non-lieu），这是纯粹言语的冒险，也就是诉说的情形……整个文学都在尽其所能地通过划除划痕和划痕的划痕来划除其意指。如此反复……直至无穷……这是反本质的作家立场，这是一个不仅消除踪迹，还消除踪迹的消除所留下之踪迹的人所进行的无尽回溯。就仿佛这样一幅画面：火焰烧着灌木，却不能把它烧尽，仿佛它从自身的热量中获得了滋养。

达尔马：弗朗索瓦丝·柯兰从她对莫里斯·布朗肖的读解中得到的很重要的教诲之一，是书写之于话语的不可还原性。她写道：“在书写中显现的东西只在书写中显现，它不具备一种会在其外部继续存在的真理的力量。”如果我没理解错的话，书写并不摧毁，而是干扰、动摇并驱散所说，让某种无法保持沉默的东西显现（或被听到）？

列维纳斯：我想莫里斯·布朗肖的作品和思想可以同时在两个方向上得到阐释。

一方面，它是对意义之丧失、话语之播撒的宣告，仿佛我们置身于虚无主义的极点，在那里，虚无本身再也不能被平静地思考，对倾听它的耳朵变得模糊不清。意义，与语言相连，当它生成文学时，本应在其中得以完成和提升，却把我们带回到无意义的重复，它比结构残片或易进入其中的各种元素更加匮乏意义。我们被交付于非人，被交付于**中性**的可怖。这是第一个方向。

但另一方面，是布朗肖的文学空间被排斥的那个世界：一个任何人类苦难都阻止不了其秩序化的世界；一个无论好坏都能自我调节的世界（这有何妨！它不妨碍**知识**，反而让一种摆脱了一切意识形态的**知识**成为可能）；一个在对价值的冷漠（善恶等价）中总体化的世界；一个在陀思妥耶夫斯基“一切皆被允许”的冷漠中总体化的世界，这不是因为其无神论，而是因为其属灵性：一切法则的内在化使其丧失了**差异**，正如让·波朗[①]惧怕的那样，一切词语变得同义。事实上，没有什么比这样一个世界，更好地自我整合进了共时的甚至同一的总体性。没有什么更自足的了。

对于这样的世界，布朗肖提醒，其总体性并不整全——它所夸耀的连贯的话语，赶不上另一种绝

① 让·波朗（Jean Paulhan，1884—1968），法国作家，文学评论家和出版商，曾于1925—1940年以及1946—1968年担任文学杂志《新法兰西评论》（*Nouvelle Revue Française*）的主编，他是法兰西学术院（Académie française）的成员。波朗与布朗肖曾是朋友，后由于前者反对阿尔及利亚独立并在阿尔及利亚战争中支持法国军队，两人关系破裂。

不因它而陷入沉默的话语，这种话语受到持续不断的噪音的干扰，某种差异并没有让世界安睡，而是干扰着存在和非存在在辩证法中被秩序化的那个秩序。这样的中性不是某个人，甚至也不是某个东西。它只是一个被排除的*第三项*，并且，准确地说，它甚至*不是/存在*（*n'est*）。但其内部拥有的超越性远多于任何后面的世界所开启的超越性。

关于《白日的疯狂》的练习

一　从诗到散文

表达并不附加于思；隐喻——它把这一思带到思的主题之外；在该主题之外，文字，在其展露，其文学中，可被进一步传达，如一把锤子或一份文档，保留着所说之物的理性种子，并给阐释者，即读者，允诺一种更遥远、更古老或更深刻的意义，被灵启的意义：这，无疑，就是**可理解性**（Intelligibilité）本身。它自行地——而非仅仅针对一个有限的精神——吁请作家和读者，它自行地要求**书**（Livre）。

这样的阅读，或这样的阐释，可用各种各样的方式进行。它是在需要每个人的**理性**（Raison）的神显中，每个人所扮演的角色。任何阅读都不驱散真正之书的意义混杂的秘密或玄秘；但在每一次阅读中，在作家的计划包含的可能性之外，**所写之物**（l'Ecrit）的无数未来——或古老——的生命萌芽了。即便作家绝顶聪明，在读者身上探查他自己的自发性，并让他的书写转向一种因此令人惊奇的感觉，为了获得灵启，书写也不必是自动的。

我们在这里对布朗肖一篇短小的早年文本的阅读，触及了其文本构造中的一些点，仿佛它们被研究只是为了展现其象征的潜力。这是一种吹毛求疵的卖弄学识？一种对诗意的折损？确实如此。但这也是这部作品的可能生命之一，即便我们拒斥无疑引导这一破译的观念。这一观念认为：诗歌不可还原的——被灵启的——异域感，唤回了一种恰如所言（*proprement dit*）的诉说（dire），一种论题化的诉说，尽管它应该被自我祛说 / 消除（se dédire），以免损毁它所暴露的秘密。①

谈论布朗肖并非易事。近年来研究他的最好的一些文本，幸而像我们这里一样，已经拒绝声称“比布朗肖自己更好地”理解同时代人和布朗肖。弗朗索瓦丝·柯兰已在布朗肖的文学空间内（这空间的延展超出了她的批评文章），建立了一些从当代哲学中借用的有益基础点；菲利普·博耶（Philippe Boyer）则可以说让我们透过当下书写的喧嚣，听见

---

① 参见我的《别样于存在或超逾本质化》（*Autrement qu'être ou au-delà de l'essence*），第 53 页，以及《从存在到存在者》（*De l'existence à l'existant*），第 83 页及以下。亦见《现实及其阴影》（*La réalité et son ombre*），《现代》，第 38 期，1948。——原注

了其沉默的回声。[1] 罗杰·拉波尔特在一篇精彩、深情的文本中通览布朗肖的全部作品，并以他特有的方式，通过叙述布朗肖的不可谈论性来谈论布朗肖。贝尔纳·诺埃尔（Bernard Noël）在他自己的生命中遇到布朗肖的《死刑判决》，仿佛遇到一头几乎致命地击中他的怪物——一种畸形变体，其形态显现为如同在动物生命的演化中，那种导致了新物种之构成，包括人之构成的变异。[2] 皮埃尔·马多勒（Pierre Madaule）把布朗肖的诗性作品引入了他自己的诗性寓言。[3] 没有人在接近布朗肖的诗性文本时，只是意图轻率地质询其中的形象，就好像有一套适用的编码，能把其诗转译成散文。所有人都在这样的傲慢，这样的亵渎或背叛面前，退却了。

然而，面对这种以语言为材料的艺术，这样一种不顾一切风险的冒进，不是进入其他所有路径所必需的预备练习吗？即便这“弄脏手”的工作必须

---

① 弗朗索瓦丝·柯兰：《莫里斯·布朗肖与书写的问题》（*Maurice Blanchot et la question de l'écriture*, Paris: Gallimard, 1971）。菲利普·博耶：《埃卡泰牌游戏》（*L'Écarté[e]*, Paris: Seghers et Laffont, 1973）。——原注

② 罗杰·拉波尔特、贝尔纳·诺埃尔：《对莫里斯·布朗肖的两种阅读》（*Deux lectures de Maurice Blanchot*, Montpellier: Fata Morgana, 1973）。——原注

③ 皮埃尔·马多勒：《一项严肃的使命》（*Une tache sérieuse*, Paris: Gallimard, 1973）。——原注

在事后被遗忘，以便再度有可能在其无所指（sans signifié）的指意（signifiance）中，也就是在其音乐性中，接近这种书写。这一任务的艰巨足以解释我为何选择了一篇短小的文本。但就像布朗肖的全部作品一样，这部作品也很有可能是一则有关存在之封闭的“寓言”，它在人之中扭结自缚：这是一种绞杀，但又处于无尽的痛苦挣扎之中。为了触及例如《亚米拿达》或《至高者》这样的复杂作品的诗性，我们需要相当多的甚或超乎常规的智识资源。不论那些资源在何种程度上能为我们当前所用，评论之不可抗拒的诱惑都证明了一个事实，即对读者来说，这个论封闭的文本是被灵启的，那图像和文字的他者（l'autre），以一种清醒和醒悟的形态，撕破了所说的同者（*le même*）；这一书写本身就是书。

就此而言，评论已经偏离原作，并在时不时把书的评论者和作者分开的差异中，找到了呼吸的空间。

二　论地狱

尽管提到的主题表面上看似分散，这些主题的编排或结合——除了其独特的格律和音乐效果之外——却值得特别的分析，可以说，《白日的疯狂》具有一个视觉的焦点，那就是它的标题本身：白日的疯狂。今日的疯狂，它既是白日被人疯狂地欲望；也是白日，作为明晰和尺度，陷入的疯狂；同时，指白日的疯狂和黑夜的疯狂或惊恐尤其形成了对照，和《雅歌》中笼罩和平之君所罗门王的“夜间的惊慌”[①]形成了对照，尽管他深处辉煌之中。

今日的疯狂。这并非指我们面对着某种时代病。这25页文本，约写于1948年，解放后不久，却似乎并不带有写作时的那个时代的痕迹。它所提到的“世界的疯狂”，以及世界恢复的平衡，几乎不涉及欧洲刚刚经历的那段岁月的“精神和道德”氛围，更未体现战后生活的希望或威胁。这些文字甚至没有在观念史的层面上，反映1948年发生的事（在这方面，《白日的疯狂》倒是更接近于1968年的氛围）。事实上，尽管表面如此，这篇记述的关键不是一种对有限性（finitude）的影射，这一主题正因为存在主义哲学的风靡与兴盛而广为流传；虽然布朗肖（正如我们在别处知道的）能够超越广为人知的存在主义信条，预知到当时在法国甚至德国也不为人知的所谓“晚期海德格尔”思想。因此，可以说《白日的疯狂》在通常意义上摆脱了任何时间性限制，除非其主题正是关于一种不自由——一种比任何决定

---

① 《圣经·旧约·雅歌》3：8：“手都持刀，善于争战，腰间佩刀，防备夜间有惊慌。”

论或悲剧还要不自由的不自由，一种地狱的不自由；这种不自由贯穿布朗肖的全部作品，以一种既是更新又是重复的方式不断回归。在这种同时还是一种冗余的更新中，现在的在场，由于缺乏空间，缺乏土地，被固定了。白日永不会过去。在流逝的时间之中心，没有什么逝去，也没有什么到来。一切总是记忆和威胁。诸瞬间的流溢缠在围绕自身旋转的枢纽之上，让同者不断重启。述说记述本身的记述不断地反复。“我不博学，也不无知。我曾经历过欢愉。这远不够用来言说：我活着，而这一生命给了我最大的快乐。”这段话在第 9 页出现，并在第 32 页再次出现：“我不博学，也不无知。我曾经历过欢愉。这远不够用来言说。我告诉他们整个故事。”整个故事围绕着这些欢愉旋转。这是一种没有外部的运动，没有空无来接收离散的外逐（ex-pulsion）。“空无让我大失所望。”一个在维持（maintenance）中维持着的运动，而这样的维持，在一种人性的自我中，就是自我的窒息。当下（maintenant）[①]的疯狂，白日的疯狂。奥斯维辛的疯狂，它始终没有消逝。现在的，现实的，今日的结构，就是如此？地狱。

① 法语 maintenance（维持）和 maintenant（当下）都是 maintenir（表示维持、支撑、固定等义）的变体，该词是由 main（手）和 tenir（表示把、执、握、拿、持等意）二词所构成的。

地狱在奥斯维辛显示了自身，但它藏匿于时间之时间性之中，并维持着它。

因此，叙述白日的疯狂不是为了抱怨与我们的理性行为并行的无意义，也不是为了展现人本主义和男子气概的人性在被存在的有限震惊后的失望。这并非那种“黑夜捅破”的“人的疯狂”，那些疯狂的人急于统治和征服，在他们的事业上落败，“眼看自己的计划破灭”。该问题与这些现成的表述无关。恰恰相反，如同沉默中传来的飞机的遥远嗡鸣，一种不一样的疯狂潜藏在欢乐之中，潜藏在白日之中，潜藏在我们文本的开头段落所描述的不可动摇的幸福之中。

那么，这一幸福究竟是什么？它是世界的稳固性——肯定性，它被置于一切论题面前，被藏在一切躁动和一切欲望背后，承受——或合并或包含——着所有荒谬。一个甚至在这些论世界之荒谬的表述里，也得到肯定的世界。“黑夜的凉意和大地的坚实，让我呼吸并倚靠喜悦”，即便“我感到我的生命破裂了”。这是一种支配着时间，并悬置其逃逸的稳固性。它不是把自身卷入时辰，卷入在场的蜿蜒、美好的时日、持续的绵延，卷入永久性中了吗？这种永久性为死亡本身也保留了一个位置。时间作为事件在时间中被废除。句法所容许的跳跃并非无意义。“当我死去的时候（或许就在下一刻），我将感到无边的快乐。”或许就在下一刻：作者的括号暗示了时刻不可避免的回归，暗示了那恰当时刻的准确无误。在布朗肖的表达模式里，一个句子或一个简单的词的表面意义，通过加深或提升，能够在不同层面产生共鸣，尽管书写有着固化意义的力量，却仍让这些层面得以展现。

世界的休眠，同一的永久性，意识或许只是它们的对等物和夸张：在意识里，每一个事件——不论多么震动人心——都将自身设立为一种灵魂的状态，并获得其位置。“一切来到我面前的，都很合我意”，就像意识的形式与其“我思”（je pense）的统一性相契。一切相契相合：这就是欧洲！这就是安全。这就是不可剥夺之物。“我看见这个白日，在它之外，（世界）一无所有。谁能把它从我这儿夺走？”

只有在外部，缺陷才显现于我。我是主体，即我被绝对地安置且无懈可击。“我有遮风挡雨之处，而许多人没有。我没有麻风病。”死亡自有它的时辰，它既不粉碎也不颠覆这一时辰。该作品的叙述者本应在世界的疯狂（它立刻恢复了它的平衡）里被击中；他被迫“靠墙”，但本要射向他的枪口没有开火。什么都没有停止：就像之前溺水而没有溺死的黑暗托马，就像后来没有把肯定和否定分开，而是结合起来的《等待，遗忘》。死亡像生命中的事件一样被人经历：被体验到的是身体被掩埋，在腐烂中消解，化为骷髅或医学院里的解剖标本。死亡，本应是生命的消隐，却在其纯然存在的一般性中，确认了生命的存在，并成为其中的一部分。纯然存在的一般性：有机身体在生理和精神上的限定性，不再让在场的存在论偏离其抽象的对象——身体意识到自身是纯粹的水或纯粹的燃烧。虚无在存在中，并作为存在的成熟而被体验。但随后，白日的不可避免的在场，变成了白日的攻击性，而这一白日中的存在，则是一种疲倦。这就是大地稳固性的极点，是和谐与幸福的极点，我们古老欧洲的疲惫，其秩序中心的颠覆。但在同一个运动里，被否定的东西也被肯定。幸福包围了不幸，向它允诺一种撕裂，一条出路，使之筋疲力尽。“在最不幸的日子里，我也是幸福的。”“这一发现并不让人愉悦。”疲惫在文本中反复出现：空无用自身填补自身，休眠并不安宁。这正是疲倦。这里没有进步的辩证法，在这种辩证法中，那些被激发的时刻，先于它们保留的一切对崭新性的否认，而在它们的崭新性中涌现；同一者的循环往复甚至不遵从一个长久的周期。它是原地的旋转：幸福执迷于它的永久性，疯狂的爆发再次陷入疯狂，陷入压抑，陷入一种无法呼吸的没有外部的内部性。疯狂是出路，或出路是疯狂吗？极端的意识可能就是对无路可出的意识；因此，它不是外部，而是关于外部的观念，因此是执念。这是一个在外部的不可能性当中被设想的外部——思想催生了对不可能之外部的欲望。这正是疯狂，或我们的宗教状况。

极端的意识是执念、窒息、压抑，是被压到一面墙上。这其中没有任何智慧；没有任何可做之事。这是疯狂的地狱时刻。“那是地狱”——这不是恐怖之物的某种隐喻，而是一场无所损毁的灼烧，就像对着燃烧的荆棘发出恶魔般的嘲弄，就像对外在的威胁进行并不外在的感知。鬣狗嚎叫，但那样的嚎叫只是一个听闻其声的人发出的呼喊。死于死亡，不可能的死。在一个丧失了全部神秘的世界里，死亡相当于一种监禁，这正是物质本身的意义。为了土地也为了水的向/为死而在（être-pour-la-mort）：虚无之洞——它曾是唯一的出路——被缚于无解之结的存在所封堵，后者丢弃了悲剧曾赋予它的意义。在死亡中，没有什么被解开。在莎士比亚悲剧的结尾，凌乱地躺在舞台上的尸体，不再能够缓和存在论的氛围。对死后生成的地下生活的叙述，正在现代性当中重写，以真正的恐怖衡量着尤利西斯拜访冥府的故事。

三　论致伤的透明

但白日不只是在连续性中所形成的共时性，不只是时间沉入其中，裹卷成时辰的在场，其中没有任何事物消隐，并且在那里，就连消隐本身也有其时辰；白日也不只是对实存的强调，这种实存凭借存在显示自身，并在意识中回响和爆裂。意识，作为明晰和视觉，也是一种与其自身相疏远的存在之形态，而这一形态，作为再现（représentation），不再仅仅权衡自身，同时又在真理的透明中持守自身的尺度；在这样的透明里，制造对比，并将存在封闭在这些对立矛盾中的屏幕瓦解了，阴影消散了；在那样的透明里，存在将自身转变为真理。但这一真理的敞开，这种实现空无之透明的明晰，会像刺入眼睛，并使得视力锐利的玻璃一样伤害视网膜，而那样的伤害无论如何又会作为一种明澈和一种清醒，被人追求：这正是又一种白日的疯狂。作为白日之光（白日中伤了寻求它的眼睛）而被欲求的疯狂，无限地重复着。“我几乎失去了我的视力，因为有人把玻璃塞进我的眼睛”——这是《白日的疯狂》的核心象征。

它所暗示的，不是知识的危机，那种因为行动的延续和追求而使得解放自身的精神受威胁的危机。在这里，知识，并不仅仅因它技术性的本质，因它散布的死亡，因它最终导致的烦恼（ennuis）和厌倦（Ennui），而被否认。恰恰是真理，连同它的幸福，连同自明性本身，转而反对其来源——而且，它们越是不可避免地诱人，越是被人追求，就越是命定如此。或许，在知识的透明中，它是一种内容的出显（apparition），而这样的出显已然威胁到其随后的最终显现（apparence）的真理？或者，它更为坚硬，是不可同化之形式的骨骼，这些形式在理智化、数学化且受支配的物质得到肯定的过程中显露，困扰着理智，并要求它给出一种它无法提供的解释？那是些不服从原理，不服从任何难以发现之原理的“无法则也无目的”的逻辑形式吗？我们必须把同法律的相遇置于这里，叙述者无法迫使法律同他对话，因为法律，即便合乎理性，也不是一种诉说，而是一种不经言说就强加自身的必然性，它听不见任何话语——也就是，听不见任何道歉、恳求，或抱怨。或许，应该在此唤起一种伤害，那是让列夫·舍斯托夫（Léon Chestov）在所有作品中一直流血的，由必然性导致的伤害，在那里，无论是“被推导的理性”（raison raisonnée），还是“推导的理性”（raison raisonnante）都战无不胜。

但透明的伤害或许伤害性更强。在理性概念的深处——根据黑格尔的说法，它是思想本身的透明——因其谱系的混乱而变得模糊的语言爆炸了；眼睛不断被在透明之虚空中舞蹈的微粒或幻象伤害——这就是精神在其中被封闭的明澈性。知识越是要松开它，它就变得越紧。没有什么外在的司法权威！显然，“提出申诉”是不可能的，因为没有任何申诉会被接受。宗教也不复存在。那种在欧洲回响的形而上学的永久性，以及对崇拜的召唤——那些重复“你也想要它”的宣告，这一“你也”指向一种不容拒绝、无意识的、不含“对象化意向性”的转向上帝的方式——不过是一种执拗，试图在“明晰性已经失去了全部理性”的地方赋予意义，在明晰性恰恰通过升华意义而使其消散的地方继续赋予意义，而这种意义消失的加剧，是由于在明晰性中持续进行的意义授予。“最终，我开始确信，我直面着白日的疯狂。这就是真相：光发疯了，明晰性失去了全部的理性：它疯狂地攻击我，失去了法则，没有目的。这一发现径直咬穿了我的生命。”这是一种被寻求的攻击性。对如此攻击我们的白日的疯狂来说，它符合欲求疯狂的白日的欲望。理性的权力，根据黑格尔的说法，是和死亡一样强大的主宰；甚至比死亡更加强大，因为人们甚至无法通过死亡来逃避它，并且，不存在任何同它的和解。这是对水和空气的欲求，同时也是对干渴和窒息本身的欲求。“我既不能看，也不能不看。”不可能（l'impossible）没有像自相矛盾的东西一样消失。这一不可能是在“这种生活是不可能的”意义上说的；这种生活虽不可能，却存在。存在实现了不可能：这是一种无处接收流放者的流放。

从希腊来到我们身上的光，不是真正的明晰性。

我们的历史所赢得的自我意识，并不清醒。它总是醉着。理性寻求一种超越一切警惕的觉醒。一种比一切明澈还要明澈的明澈，它已是状态（état），已是国家（Etat）。面对着被熄灭的威胁，视力增强了。或者，相反地，在为患病的眼睛提供庇护的纱布下，伤害仍和七日之光接触。创世的七日之光仍未被历史的妥协所遮蔽——最初的，无法忍受的，必要的光。内在性当中的超越性，或超越性的绞扼，对药物“欺诈性沉睡”的依赖？能够确定，布朗肖只对我们讲述了知识分子的苦恼，或书写的艰难吗？他不是叙述或预见了一种绝对意义上无路可出的痛苦吗？总是有人被推向非空间（non-espace），推向已被占据的过度拥挤的位置。地狱不只是受难，它还是这个颠倒的空间，是永恒时间的这个僵局，是纯粹理性及其直观和范畴的扭曲。这就是白日的疯狂。一个不可撤销的声音说道：“什么也做不了。”这一什么也做不了，不是由一个抽象的命题说出，而是由人性的条件，或无条件（incondition），说出。

四　一辆婴儿车

同他人的关系——最后的出路。从记述开头到结尾，这一关系都在被唤起。所爱之人之丧失是那种中断幸福的冲击，或者，更确切地说，这种冲击把快乐变成了孤独的令人窒息的拥抱，而孤独是唯一确定的存在。在庭院门前，一个男人后退以让一辆婴儿车通过，这个小小的场景是一个事件，它让某事来临，也就是，让“不约定之事”来临：一个人为另一个人退让，一个人为了另一个人而存在。叙述者的快意由此而来，这种快活似乎把他举到了存在之上。［然而，］这是一个虚假的事件，它很快就同匿名的黑暗寒冷混同起来，与冻僵了的叙述者混同起来，他正望着黑暗庭院的深处。这些无限空间的沉默……[①] 相比于存在的无限，以及这片土地上自相残杀的民众，那些犹豫不决的礼让动作又算得了什么？这样的反思只是老生常谈！它配不上一种高贵的精神，但却在蔑视并抑制它的沉默中不停嗡嗡作响。那种关心自身的自我——那种存在中的坚持——那种 conatus[②]——即便被拆除以用来揭示一种对他人的彻底“奉献”，甚至消解了自私使其化为一种西方礼节性社会的相互迁就，这种“为他者而受苦”或者“在他者之中受苦”，仍未达到完全的无私：利他主义的意识最终回到了自身。为他

① 参见帕斯卡尔：《思想录》，何兆武译，北京：商务印书馆，1985 年，第 101 页（“这些无限空间的永恒沉默使我恐惧”）。
② 见第 163 页注释。

者以及在他者中受苦，实际上是他者让我受苦！“那庞大的他人，超乎我之意愿地，打造了我。”这一切最终在杀人的诱惑中收尾。诚然，他者，“他们最轻微的不适，也会让我感到无限痛苦”，“但即便如此，如果必须，我也会蓄意牺牲他们，剥夺他们的一切幸福感（有时，我还杀了他们）”。

由此，就有一种作为自身之巩固（甚至到了“顽固”的地步）的同他人之关系。克己忘我（abnégation）只是欧洲个人主义的一种迂回，以及一种自身的硬化：“我”比别人更强大！“我必须在埋葬我自己之前埋掉几个别的人”，“我的实存令人惊讶地牢固”。归根结底，我们宏大的哲学传统，正是依据自身意识来表达并包纳同他人的关系的：无论他人如何在其“别样”（autrement）中被“意欲”，被意欲为上帝，或被一种本质上属于宗教的意欲所意欲。［然而，］这种意欲在消退：“然而”，在我内部，有某种东西很快停止了意欲。依据意识，但那是一种没有内部性的意识：一种在“阅读的阴郁灵魂”注视下如虫子般的状态，一种在被还原为两极之间讯息传递行为之系统里的简单交接，很可能只是类似接线员轮换的活动。叙述者遭到透明的中伤而被一家诊所收容，在那里，他被还原为一种形式主义——或一种职业——或存在论状态。同样的形式主义也出现在他与文化作品的关系中，在其中，人变得普遍化，而书写的多维匿名性，则尝试通过陌生的外观显现。“我读过许多书。”的确如此。但“当我消失的时候，所有这些书卷，都会在不知不觉间发生变化”。没有我的诠释，书就不存在。然而，诠释只不过是一种消遣，欧洲人已经开始厌倦这种消遣。布朗肖认为不再有任何书了吗？没有阅读，没有书写，没有表达。没有什么需要深入，没有内部性，没有深度。存在的一切都不可挽回地变坚固。形式无尽地包裹着包裹。没有上帝！裂核之中，只有新核。地道只通往新的地道。在这些地下的欺骗性深处，诠释，从一本书到另一本书，如同一个竭力穿越狭小过道的图书管理员；但过道上的这般杂技，只能确保从一个术语到另一个术语，从一个符号到另一个符号的通行，却没有任何意义所指。人们在其中交流的智识，只不过是一场游戏，其中交换的筹码是那些既有的知识。人们已经厌倦星际旅行：对从未见过的景象目眩神迷的宇航员，还没有听到非亚当后裔的人类发出的言语——这是唯一真正闻所未闻的言语。

在诊所里——那里的人们对“血液”感兴趣——人们从外部被人细查，且无法通过秘密来逃避。人们并不拥有能吸收外部的东西，而外部把他们暴露给他们的邻居：正反两面并不匹配。这是一种相互暴露，每个人在其中都与他人发生关系，而这些关系的各方互相否定。我生存的空间是我从别人那里夺来的位置，甚至我的不幸也是一种挑衅，一种控诉，一种乞求，仿佛它“把正义穿在衣服上”。这种正义完全地转向了外部，但那是一个没有出路的外部。没有什么逃避得了系统的相互作用。只有借助药物的虚妄错觉，逃避才可能，但人们终究总会被抓住，总是会从欺诈性沉睡中被野蛮地拽出，从那不是立场、不是论题，像力比多一样席卷一切的东西中被拽出。这一拽出为何是欺骗性的？是什么把存在和错觉区分开来？存在者的存在，因此绝不会取笑其特权。

政治的秩序呢？仁慈的开放呢？那是人类-公民的非凡超越，启蒙的伟大希望。诚然，“在其他人中间，我寂寂无名。但我是至高无上的”。既是臣子，也是王子，自由人身边的自由人。那被平等地分享的至尊性 / 主权（souveraineté），无论如何是一种权力——一种将自由人投石击毙的可能性，对独异者的犯罪性的敌意。暴力在施与受之间交替循环：一方施加暴行，另一方忍受迫害。而权力的观念性和司法性辩护，法律的匿名话语，不能带来任何慰藉。法律并不进入对话的私语。“为了试探法律，我温柔地呼唤她：‘来这里吧；让我面对面地看着你。’（有一片刻，我想把她带到一旁。）这是一个冒失的恳求。如果她应答了，我该怎么办？”

的确，法律可以说另一种语言——人之奴仆的语言：这是人格化的人本主义的法律，博爱甚或仁慈的法律。但她的救助最终成了劳役，成了持续不断的谴责，即便她偶尔能够用“女仆过度殷勤”的小恩小惠，来补偿一个被其压垮了的人，“仿佛人类只需屈膝一跪就能满足”，而不会冒险通过享受廉价的情色或在周末看电影来排遣自己的欲望。至于其他方面，这一使人得到提升的法律，不过是把眼睛固定在窗户和天花板之间的那部分墙上，让目光向上凝视，直至极限，从而在恐惧和战栗中向白日或天空致敬。这是继深度的去神秘化之后，高度的去神秘化。在这篇写于 1948 年的文本中，有一种令人不安的预感，它预示了二十年后会被完全揭示出来的一切，以及徒劳又疯狂的原地转圈。他人——开启外部的唯一的点——没有任何出路。他把刀子刺入我的肉体，并发现了一种需要为自身认罪的灵性。承受他人，在他人身上受难，如同策兰的崇高表达——“世界已去，我只有扛着你”[①]，最终变成了精神病院里的一场闹剧：病人们骑在四肢着地的叙述者身上取乐。主体间的超越性成了最高程度的压迫，而利他主义则令人头昏脑涨：“我”在我作

① 保罗·策兰：《保罗·策兰诗选》，孟明译，上海：华东师范大学出版社，2010 年，第 296 页。

为一匹马的本质中窒息。

五　论有三个的两个人

这个文本说了什么，如果不是无路可出、门窗和通风口的关闭、存在对死亡的阻塞，以及，在没有外部的内部，驱逐的压迫在无休止地持续："回到墙里"，"在一片燧石丛中游荡"。这样的压迫所指示的不只是一个非人的社会内，人性灵魂的苦难，或有限精神被无视它的存在所撞击的苦难。在这里，人之人性只是一个舞台，上演着没有结局的剧情：它乱成一团，无法让自身完结为一个故事，只能在这样的上演中愈发劳累。故事的意义丧失了——发生的事情不再会发生，不能进入一篇记述之中。

"故事的意义丧失了。"再一次，平淡的表述会在布朗肖的文本中回响，并堆积它的意涵——从最低的层面堆到最高的层面，直至超越众所周知的实存之荒谬和事件之偶然，闪现出不可言者之文学的终结："寓言"之文学的终结，语言的终结，也就是说，把一切无序当作另一秩序的言词共时性的终结；在记述的终结里、在差异之中的不可兼容之物，仍卧于共同的纸床，并聚集于所写的一页上，尽管作为词语，作为唇间的坠物，它们仍会遗失。

但记述之所以不可能，是因为语言既非表达，也非追问，而是审讯。同他人的关系是一种求助：人们把自己交给了看护的医生。眼科医生和精神病专家检查目光和思想，既检查又监视。在他们救助的客观性中，他们却是秩序，也就是说既定秩序的同谋。他们迫使我记述，把实存浓缩为一个寓言，排除任何怪诞之事。逻辑的秩序按照秩序，重新确立。记述的邀请是一种传唤。“当然，他们俩没有一个是警察局的审讯员。但因为是两个人，因此他们实际上是三个人……”侍奉权力，只需两个人。完成记述，谈话，这本身已经是在拟订一份警察报告。“没有记述，绝不再有”——这是文本的最后一句。但疯狂依旧。这个文本的在场本身，就是对于那种拒绝的终极自由之否认。一个文本，一种组织，一件织物，一部作品！无论如何拒绝，在脑海中的某处，“某种东西仍在编织”。

（《论布朗肖》全文由尉光吉译，王嘉军校）

文献信息

《诗与复活：有关阿格农的笔记》：《新手册》（*Les Nouveaux Cahiers*）第 32 期，1973。

《马丁·布伯和认识理论》：未曾发表法文版；德文版草拟于1958年，发表于《20世纪哲学家》，科哈马出版社，斯图加特，1963。

《对话马丁·布伯》：《新手册》第 3 期，1965。

《保罗·策兰：从存在到他者》：《文学评论》（*Revue de Belles Lettres*）第 2—3 期，1972。

《查娜·德洛姆：佩涅洛佩或模态思维》：《批评》（*Critique*）第 247 期，1967。

《雅克·德里达：全然别样》：《弧》（*L'Arc*）第 54 期，1973。

《今日之埃德蒙·雅贝斯》：《新手册》第 31 期，1972—1973。

《克尔凯郭尔：实存与伦理》：未曾发表法文版；德文版发表于《瑞士月报》（*Schweizer Monatshefte*），1963。

《关于〈活着的克尔凯郭尔〉》：发表于《活着的克尔凯郭尔》，“理念”丛书，《法国新期刊》（*NRF*），1966。略有改动。

《让·拉克鲁瓦：哲学与宗教》：《批评》第 289 期，1971。

《罗杰·拉波尔特与终寂余声》：《法国新期刊》第 168 期，1966。

《马克斯·皮卡德与面容》：1966 年 3 月 22 日，在由“法国文学青年”（Jeunesses Littéraires de France）组织的马克斯·皮卡德纪念会上所作的报告，未曾出版。

《普鲁斯特作品中的他者》：《丢卡利翁》（*Deucalion*）第 2 期，1947。

《神父赫尔曼·利奥·范·布雷达》：发表于 1973 年 10—12 月《法国哲学协会公报》（*Bulletin de la Société française de philosophie*）上的纪念文章。

《让·瓦尔和感情（sentiment）》：《南方手册》第 331 期，1955。

《无名》：《新手册》第 6 期，1966。

《论布朗肖》：《诗人的目光》见《新世界》（*Monde nouveau*）第 98 期，1956；《女仆及其主人》见《批评》第 229 期，1966；《安德烈·达尔马与列维纳斯的访谈》见《文学半月刊》（*La Quinzaine littéraire*）第 115 期，1971；《关于〈白日的疯狂〉的练习》见《变换》（*Change*）第 22 期，1975。